Qual é o seu employer brand?

TÍTULO ORIGINAL:
Qual é o seu Employer Brand? O papel da marca na guerra do talento e na estratégia das empresas

Copyright © Inês Veloso e Conjuntura Actual Editora, 2018

AUTORA
Inês Veloso

Direitos reservados para todos os países de língua portuguesa

CONJUNTURA ACTUAL EDITORA
Sede: Rua Fernandes Tomás, 76-80, 3000-167 Coimbra
Delegação: Avenida Engenheiro Arantes e Oliveira, 11, 3.º C – 1900-221 Lisboa – Portugal
www.actualeditora.pt

CAPA
FBA

PAGINAÇÃO
João Félix – Artes Gráficas

IMPRESSÃO E ACABAMENTO
ARTIPOL - ARTES TIPOGRÁFICAS, LDA.

DEPÓSITO LEGAL
436098/18

Toda a reprodução desta obra, por fotocópia ou qualquer outro processo, sem prévia autorização escrita do Editor, é ilícita e passível de procedimento judicial contra o infrator.

Biblioteca Nacional de Portugal – Catalogação na Publicação

VELOSO, Inês

Qual é o seu employer brand? O papel da
marca na guerra do talento e na estratégia
das empresas. – (Fora de colecção)
ISBN 978-989-694-267-0

CDU   005

INÊS VELOSO

Qual é o seu employer brand?

o papel da marca na guerra do talento
e na estratégia das empresas

CONTEÚDO

Prefácio... 9

1. Era uma vez o employer branding 13
   - História do employer branding
   - Employer branding vs consumer branding
   - Conceito de employer branding

2. De desconhecido a buzz word 29
   - Escassez do talento
   - Gerações Millenial e Z
   - Employer branding é estratégico

3. Valores que não são euros....................... 49
   - Noção de valor
   - O que é o employer value proposition
   - O que deve ser a proposta de valor

4. Employer ou candidate branding? 57
   - Ciclo de vida do trabalhador
   - Experiência de candidato e de colaborador
   - Pontos de contacto (touchingpoints)

5. Lealdade na relação e casamento entre as áreas 71
- Dimensões do employer branding
- Conceito de employer brand loyalty
- Modelo de governance do employer branding

6. Aos olhos dos candidatos 81
- Awareness e atractividade igual a percepção
- Randstad employer brand research em Portugal
- Resultados globais do Randstad employer brand research

7. Ambição e experiência 95
- Recursos humanos como uma área estratégica
- A cultura da empresa
- Employee advocates

8. O que vem a seguir 103
- Estratégia de employer branding
- Implementação da estratégia
- Importância da medição dos resultados

9. Copiar, adaptar e colar 115
- Casos de referência internacionais
- Práticas para atração e retenção de talento
- O impacto das redes sociais

10. Em Portugal: Microsoft, Delta Cafés e TAP 131
- Empresas vencedoras do Randstad employer brand award
- Empresas respondem na primeira pessoa
- A importância estratégica do employer branding

11. Keywords e perturbação final. 143
- Principais conceitos abordados
- Definições de alguns estrangeirismos
- Nota da autora sobre a relevância do tema (utopia *vs.* perturbação)

Notas 149

Bibliografia 153
Livros. 153
Sites 154

PREFÁCIO

Numa altura em que tanto se fala, e se especula, sobre a nova revolução industrial – a "industria 4.0" – importa enfocar a maior atenção naquilo que é objectivamente crítico para o sucesso empresarial: as **pessoas**.

É nas pessoas que este livro se centra; de dentro para fora da organização mas também de fora para dentro e, principalmente, de dentro para dentro.

Hoje mais do que nunca, importa colocar as pessoas no centro da equação da procura do sucesso empresarial. Vivemos já numa era pós-digital, em que a tecnologia está omnipresente e em galopante desenvolvimento e onde a necessidade de ajustamento é contínua. De igual forma, o desenvolvimento das competências de cada um, assim como a capacidade individual de adaptação a novas realidades, são ingredientes fundamentais para o sucesso do colectivo.

A tecnologia pode ser desenvolvida, ou até adquirida, mas as pessoas têm que ser conquistadas. E é aqui que as organizações devem desenvolver a sua estratégia de captação e retenção dos melhores talentos, uma estratégia de employer branding.

Neste livro, a Inês com a sua habitual inteligência e generosidade, coloca à disposição do leitor uma chave de leitura e interpretação do processo de employer branding que será seguramente inspiradora para aqueles que queiram obter uma perspectiva transversal sobre esta interessante e importante temática. Não sendo um livro assinado por uma académica de recursos humanos, é na fusão das suas competências e conhecimento do sector que revela exemplos vividos e melhores práticas.

Enquanto CEO e no caminho percorrido até à publicação desta obra também encontrei argumentos sólidos para que esta seja uma temática de C level, alinhada ao nível da estratégia da empresa. Porque quando falamos de futuro falamos de talento, é verdade que usamos também a palavra digital, bots (robots que parecem assim ficar mais humanos com esta abreviatura), big data, inteligência artificial, cloud e tantas outras que por vezes parecem esquecer a humanidade. Mas em todas essas conversas há um pressuposto fundamental, as pessoas. Por isso os candidatos, os colaboradores, os talentos são parte fundamental da estratégia das empresas, sejam elas grandes multinacionais com departamentos de gestão de pessoas ou sejam PME's, start-ups que para serem competitivas e para terem sucesso precisam também de atrair e reter os melhores talentos.

Acredito que o leitor vai também percorrer um caminho, reconhecendo não apenas a perspectiva das organizações mas também enquanto candidato. Será que consegue responder à questão do que é realmente crítico para si para aceitar uma proposta de trabalho? E consegue dizer sem hesitar em que empresa gostaria de trabalhar, baseando-se apenas na percepção que tem da mesma? Este é um exercício complexo mas que permite uma análise à imagem enquanto empregador das principais empresas a atuar no mercado nacional. Um guia e um bom principio para desenvolver uma estratégia de employer branding e que esta obra explora ao dar a conhecer os resultados mais recentes do Randstad employer brand research não apenas do nosso país, mas também face aos resultados mundiais, tentando encontrar simetrias e assimetrias naquele que é um mercado cada vez mais global, o do **talento**.

Sem revelar mais do que se segue, termino com os parabéns à Inês por este excelente resultado. Da minha parte, foi uma honra e um prazer poder ter colaborado neste projecto.

Aos leitores, desejos de uma profícua leitura.

José Miguel Leonardo
CEO Randstad Portugal

1. ERA UMA VEZ O EMPLOYER BRANDING

- História do employer branding
- Employer branding vs consumer branding
- Conceito de employer branding

Hoje o employer branding é uma expressão comum, não necessariamente percebida e compreendida, mas usual. Por isso convido a uma viagem no tempo, a um regresso ao passado que para chegar ao conceito começa na sua génese: o recrutamento. E começa sem uma data certa mas com os primeiros testemunhos que podem indiciar a existência de algo semelhante a um processo de recrutamento, mesmo que muito diferente do que conhecemos hoje. A primeira evidência data de 55 d.C., um decreto assinado pelo imperador Júlio César em que recompensava soldados que trouxessem candidatos a soldados com 300 sestércios (mais 30% do que o salário anual desta função). Não demonstrando se existiria um processo de selecção, esta é uma acção que procura atrair candidatos, em tudo igual às acções de referenciação que hoje são levadas a cabo por muitas empresas. É curioso ver que a compensação era muito acima do salário de quem referenciava, o que demonstra claramente a escassez de candidatos disponíveis, motivando os atuais soldados a convencer outras pessoas a seguirem a mesma "carreira". Apesar de não ser uma evidência da existência de um processo de selecção ou seja de uma análise aos candidatos, podendo alguns não ser aceites para a função por não reunirem as competências necessárias (arrisco a afirmar que provavelmente não existiria qualquer selecção até face à escassez) esta é a primeira prova registada de uma estratégia de atração de talento (chamo-lhe talento, porque independentemente de em tempo de guerra a principal "skill" procurada era estar vivo para ir para a linha de batalha, não deixavam de ser talentos quem debaixo das armaduras executava esta profissão de soldado).

Neste olhar para trás, são necessários muitos anos para encontrar novas evidências do que seria o recrutamento ou estratégias de recrutamento. A relação geográfica parecia ser o fator principal do "processo", que juntava a mão de obra disponível ao trabalho. O que se compreende considerando a limitação em termos de divulgação da mensagem e de acesso ao local de trabalho. Ao mesmo tempo, os estratos sociais tinham enorme relevância, identificando a classe trabalhadora e as chefias, mais do que propriamente as competências. O que parece claro nesta visita ao passado é que só mesmo quando existia um desequilíbrio entre a oferta e a procura, a mão-de-obra disponível e os empregos é que as empresas pareciam estar preocupadas em ser atractivas, em comunicar com a mão de obra ou melhor dizendo com os candidatos. As Grandes Guerras são períodos marcantes e exemplificativos disso mesmo devido à escassez de pessoas para trabalhar. Muitos autores afirmam que é nos anos 40 em consequência da II Guerra Mundial que o recrutamento como o conhecemos hoje, nasceu. Não apenas porque foram criadas as primeiras agências de emprego, mas porque com elas se começou a trabalhar a atração de candidatos, o "screening" de CVs, ou seja a validação do percurso profissional e a selecção. Não aprofundando técnicas de avaliação de candidatos, até porque existem alguns testemunhos que datam algumas delas na I Grande Guerra, encontramos nos anos 40 muitas evidências de campanhas de atração de candidatos. O número de homens que iam para a guerra e deixavam os postos de trabalho colocava em causa a continuidade de muitas indústrias e por isso era urgente conseguir encontrar mão-de-obra disponível. A dificuldade de descobrir esses recursos, assim como o número de pessoas necessário fez com que surgissem as empresas de recrutamento e com elas as primeiras campanhas de atração de candidatos, neste caso muito dirigidas a mulheres.

Os anos 70 marcam um novo boom neste sector, com o aparecimento empresas de executive search, ou seja de recrutamento de executivos. Nesta fase já existe um foco na validação de competências e o processo de recrutamento já é bastante mais complexo do que apenas a atração e colocação de pessoas.

Imagem 1 – Poster publicado em dezembro de 1941 pelo Ministério da Informação Inglês, desenhado por Philip Zec (fonte: http://www.iwm.org.uk/collections/item/object/38928)

Muito embora no século XIX já fosse comum encontrar grandes empresas com benefícios para os seus colaboradores e até fundos de pensões, em especial nos Estados Unidos (em 1875 a empresa de caminhos de ferro American Express foi a pioneira) existem poucos exemplos que demonstrem como eram na verdade as relações laborais nesse período. Se o nascimento dos sindicatos em Inglaterra data do século XVIII, após a revolução industrial para dar voz às reivindicações de melhores condições de trabalho da força operária, não é difícil de defender que a relação laboral durantes estes séculos fosse pouco valorizada. Aliás, a elaboração da legislação laboral em alguns países parte sempre do pressuposto de existir uma relação de fragilidade do trabalhador face ao empregador, este é o caso do enquadramento legal português. Por isso arrisco-me a afirmar que a relação laboral era pouco valorizada, era quase unilateral e colocava as empresas numa posição de supremacia. Eram elas que abriam as vagas, escolhiam os candidatos e que decidiam. Não existia verdadeiramente uma proposta de valor para o trabalhador que fosse além do salário.

Foi ainda no século XX, em 1990 que numa conferência Simon Barrow, chairman do People in Business utiliza a expressão "employer branding", e apenas seis anos mais tarde, o conceito é publicado no Journal of Brand Management, num artigo conjunto com Tim Ambler([1]). Nesta primeira abordagem o employer branding era definido como o conjunto de benefícios funcionais, económicos e psicológicos atribuídos por causa de um emprego e identificados com a entidade empregadora. Na verdade, as empresas já tinham uma proposta de valor para os seus colaboradores, mas não quer dizer que estivesse estruturada ou definida, ou até que não existisse um gap, uma falha entre aquilo que a empresa considerava ser a proposta de valor e o que era efectivamente sentido pelo trabalhadores e percepcionado pelos candidatos.

Em 2001 foram conduzidos alguns estudos em grandes empresas que já demonstravam alguma atenção/preocupação em relação ao seu employer brand. Não estou certa que todas saibam do que se tratava ou que tivessem interpretações semelhantes deste conceito, mas afirmaram a sua preocupação. Foram precisos passar mais quatro anos, em 2005, para que fosse publicado o primeiro livro sobre employer brand. Hoje já são vários os autores nesta área e inúmeras as referências. A expressão é utilizada em diversos contextos e por vezes até fora do contexto.

Assim, o primeiro passo antes de olhar para as dimensões do employer branding é clarificar o conceito. De acordo com a quarta edição do livro Human Resources Management[2], a base do employer branding traduz-se na aplicação das práticas de marketing e marcas às actividades de recursos humanos da empresa, em especial a acções de recrutamento e retenção, utilizando acções de segmentação, de targeting e de branding. Esta definição leva a que seja necessário contrapor o conceito de consumer branding com o de employer branding. Optei intencionalmente por manter as expressões em inglês, talvez depois de clarificar o âmbito possa arriscar numa tradução... ou não.

Começamos por dividir a expressão employer branding em duas palavras e definir o âmbito de cada uma delas. Employer – pessoa ou empresa que contrata trabalhadores (mesmo que seja apenas um). Branding vem da palavra brand, ou seja marca, e nos manuais de marketing é definido como: "nome, expressão ou símbolo (ou a combinação destes) que identifiquem o criador ou o vendedor de um produto" (Philip Kotler/Gary Amstrong, Principles of marketing). O branding é o processo de dar um sentido específico aos produtos, criando e moldando a marca (brand) na mente dos consumidores. É uma estratégia desenhada pelas empresas para ajudar as pessoas a identificar de forma rápida os produtos e as organizações e ao mesmo tempo dar-lhes uma razão (ou mais) para escolher os seus produtos, serviços ou organização em detrimento da concorrência.

A definição de branding está muito ligada aos produtos, serviços e às próprias organizações. Isso significa que não existe diferença entre o employer branding de uma organização e o seu branding corporativo ou de produto? Não, na verdade o conceito de branding já existe há mais de 5000 anos enquanto que o de employer branding tem menos de um século. Quando revisitamos a história encontramos descobertas arqueológicas que revelam evidências quanto à existência de marcas (brands) em 3000 a.C. na Babilónia. Assim como no milénio seguinte são vários os registos de marca no gado e em 1300 a.C. na China, Grécia, Itália e na Índia a marca é utilizada em potes e porcelana. Talvez assim se compreenda a origem da palavra brand na palavra escandinava "brandr" que significa queimar, o que é claramente uma referência aos ferros utilizados para marcar o gado e também à prática dos artesãos que gravavam as suas marcas nos produtos manufacturados. Entre o século XVII e XIX as marcas também eram utilizadas em prisioneiros, utilizando-se um "S" na Inglaterra e uma flor de Liz no ombro em França, da mesma forma foram utilizadas marcas em vários países durante a escravatura.

No século XIX surgem os "pitchmen", que era uma mistura de vendedores e publicitários. Estes profissionais tinham a patente (não no sentido actual, mas no de conhecimento) sobre alguns remédios e eram responsáveis pela sua venda. A forma como os divulgavam não tinha limites. Exemplo disso é um dos remédios milagrosos para o esgotamento e a dor de cabeça que tinha como principal ingrediente a cocaína e prometia uma cura milagrosa.

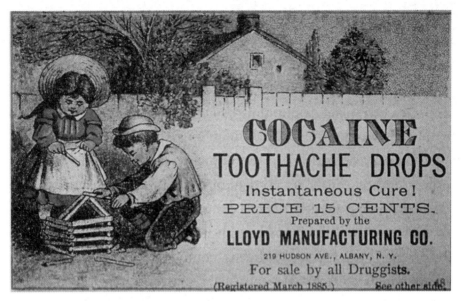

IMAGEM 2 – Publicidade ao remédio Cocaine Toothache Drops (fonte: http://www.designtoday.info/brand-new-the-history-of-branding/)

Em 1890 com os caminhos-de-ferro e a rede postal surgem as primeiras vendas por catálogo, aproximando os produtos às pessoas e dando maior relevância às marcas e às estratégias de branding.

Poderia continuar a contar esta história mas o que é mais importante é mesmo compreender que a origem do branding, a sua existência secular, se deve à necessidade de identificar a fonte ou a posse, assegurar a honestidade, diferenciar e formar uma identificação que crie um laço emocional[3]. Esta necessidade em nada difere dos nossos dias e também do conceito de employer branding, onde se pretende criar essa mesma diferenciação e relação emocional. Mas embora a palavra branding não mude em termos de conceito, employer branding e consumer branding são diferentes, essencialmente por quatro razões diferentes:

Target: a audiência do consumer branding ou mesmo do branding corporativo é diferente do employer branding. Embora ambos se devam basear em conceitos de persona, existem muitos stakeholders envolvidos no processo de consumo e na comunicação institucional que não serão naturalmente um target para o employer brand. Por exemplo, o conceito de mass market que se aplica na estratégia de branding de consumo não tem utilização no employer branding.

Canais e conteúdo de comunicação – o branding de consumo utiliza muitos canais de comunicação e diferentes estratégias de divulgação de conteúdo. Canais como as redes sociais, plataformas de e-commerce, lojas físicas, publicidade tradicional entre outros permitem "brincar" com a forma como o produto e/ou a marca se apresenta, impactando o potencial comprador não apenas com informação, mas com uma componente emocional e relacional que o pode levar a agir por impulso na decisão de compra. No caso do employer branding defendo que os canais também não são limitados, muito embora existam autores que afirmem que a diferença está em que o employer branding só deve utilizar canais específicos. Não concordo, numa comunicação que cada vez mais se exige que seja 360 a mensagem deve ser adaptada aos canais, não existindo canais "proibidos" e investindo nos mais especializados, mas nunca esquecendo aqueles onde as pessoas estão e onde faz sentido estar, para se chegar ao target pretendido. O canal e os conteúdos devem ser considerados tendo por base a relação que se pretende estabelecer e o objectivo da campanha que podem ser awareness ou seja promoção da imagem do empregador ou objectivo de conversão, ou seja, captação de candidaturas, quando queremos atrair candidatos com perfis específicos. Independentemente do objectivo da comunicação é preciso ter sempre em consideração que a relação profissional mesmo que seja para um vínculo temporário exige sempre uma troca, uma parceria em que ambas as partes (empregador e trabalhador) têm algo a receber e por isso o processo de "venda" não é nunca por impulso e exige sempre informação. A "compra" baseia-se na verdade, é de aceitação, nunca é um ciclo curto ou imediato, porque tem sempre que existir uma validação de ambas as partes. Estas diferenças têm impacto na comunicação que mesmo podendo ser mais criativa (e defendo que a comunicação do employer brand não tem de ser quadrada, nem mesmo cinzenta, pode recorrer ao storytelling e a campanhas de marketing always on) mas tem sempre que ser informativa e transparente. Em relação ao conteúdo da comunicação este só pode ser a verdade e nada mais do que a verdade. Uma característica não deve ser exclusiva do employer branding, mas que na relação laboral tem uma exigência ainda maior do que na relação de consumo. A promessa de marca tem mesmo de ser cumprida sob pena de ser altamente penalizadora para o seu employer brand.

Objectivos – para o branding de consumo os resultados são medidos através da notoriedade de marca (awareness), aquisição de clientes e vendas. Para o employer branding a atractividade no recrutamento, o engagement com a organização e as taxas de retenção são os principais objectivos medidos. Assim a estratégia de employer branding deve ser definida a mais longo prazo, em todo o ciclo de vida do trabalhador versus métricas mais instantâneas de campanhas de lançamento de produtos por exemplo. Ao contrário do que acontece nas vendas e porque falamos de ciclos longos de conversão, as campanhas devem analisar os resultados nos vários momentos, mas o processo de selecção não termina na candidatura, ele continua pela triagem curricular, entrevista, podem existir provas técnicas ou de grupo (os chamados assessments) até à proposta e aceitação. Quer isto dizer que a qualidade do candidato para a função é mais importante do que a quantidade de candidaturas, algo que não acontece por exemplo num produto de consumo, com um ciclo de venda rápido, em que a impulsividade também tem um papel muitas vezes determinante para o volume de vendas.

Tom de voz – muitas empresas têm um tom de voz na sua comunicação institucional e muitas das vezes até diferenciado por produto, tendo em conta o seu target. No caso do employer branding é preciso também criar essa voz e torná-la consistente, não apenas externamente mas também a nível interno.

Apesar das diferenças entre employer branding e consumer branding a relação entre ambos nunca deve ser diametralmente oposta, mas sim complementar, existe como que uma escada entre ambos e um contributo na forma como se relacionam com os valores corporativos.

Entrega	Questões que deve responder	Audiência
Visão da Empresa	Que é que a empresa pretende atingir?	Todos
Princípios da organização/ Essência da marca	Quais são os princípios da empresa?	Todos
Missão	Qual é o propósito da empresa?	Todos
Proposta de Valor	O que me vai trazer a mim se aceitar este emprego?	• Colaboradores • Candidatos
Employer Brand	Porque me deve importer? O que é que tem a ver comigo?	• Colaboradores • Candidatos
Pilares de Comunicação	Porque deve fazer a minha carreira aqui?	• Colaboradores • Candidatos

GRÁFICO 1 – O Employer Brand deve estar alinhado com a marca corporativa, assim como a visão e a missão da empresa (fonte do gráfico http:// thesocialworkplace.com/2016/07/7-mistakes-to-avoid-when-developing-your-employer-brand-strategy/)

A voz com que a empresa comunica para o mercado contribui para a sua imagem e vai sempre impactar quando esta estiver na sua dimensão institucional, de produto ou de empregador. Esta coordenação não deve levar à conclusão que se os meus resultados de consumer branding estiverem bons, os de employer branding também vão estar (é mais fácil fazer a presunção do vice-versa, mas a atractividade das start-ups leva-me a questionar se também nesse caso será verdade), porque o âmbito de valorização da marca é diferente e daí a importância de separar estas análises. Será que esta diferença se mantém em todos os modelos de negócio? Independentemente de ser um negócio entre empresas, business to business (B2B) ou de empresas para consumidores, business to consumer (B2C)? a realidade do marketing e a imagem associada à marca é muito diferente consoante os casos. Enquanto nas marcas B2C eu posso ter a experiência como cliente e impactar na minha percepção da empresa, nas B2B a minha relação nunca é tão direta e em algumas áreas posso até não ter qualquer noção do serviço prestado ou da qualidade do mesmo. Talvez por isso se olharmos para trás vemos que estas empresas de serviços a outras empresas não tinham muitas vezes área de comunicação, porque sentiam que não tinham necessidade de comunicar com o mercado a não ser através da sua força de vendas. Em paralelo, é muito diferente ter um produto ou ter um serviço na oferta da empresa, será que também aqui existe uma diferença na forma de trabalhar o employer branding?

Começando pelo B2B. Como é reconhecido as empresas não são produtos e se esta parece uma verdade incontestável, nem sempre as estratégias de marketing reconhecem essa diferença e tentam muitas vezes confundir o consumidor. Mas são dois mundos diferentes. Quando olhamos para as empresas B2B em regra encontramos serviços complexos que respondem com soluções individualizadas e muitas vezes à medida de outras empresas, assim como soluções que têm a sua fundação na consultoria como a IBM, a Cisco, a Accenture. Não existe um consumidor, mas sim equipas de compras que avaliam a proposta de valor em várias dimensões para tomarem uma decisão. Este modelo de organizações têm de ter uma oferta completa que muitas vezes vai além dos serviços e pode incluir produtos, pessoas e canais para chegar ao objectivo do cliente e responder à sua complexidade. Por isso a marca B2B é trabalhada à volta das preferências dos clientes e grupos e não directamente nos produtos ou serviços oferecidos. Quando olhamos para empresas B2C o seu modelo é baseado nas operações por volume onde entram com os seus produtos standerizados que têm marca ou marcas através de canais de distribuição e de modelos de transacção simples e imediatos. Por exemplo, se considerarmos o modelo da Nike, da Unilever ou da Vodafone, as suas histórias são diretas ao consumidor, respondem a uma necessidade transitória e a marca está focada nas características do produto. No B2C a marca é mais sobre o produto, sobre a embalagem do que propriamente sobre a empresa.

Quanto às marcas corporativas elas são trabalhadas à volta da visão, dos valores, do seu posicionamento e da sua estratégia. Todas as empresas trabalham a sua marca corporativa? Não, na verdade há marcas que apenas existem para o consumo, com uma estratégia de venda e outras que apenas comunicam na vertente corporativa. Há ainda marcas de produtos e a marca "umbrela" que pode ou não ter grande reconhecimento e que em alguns casos pode ser esta a atuar quando se trate de uma comunicação de atração de talento. A Sovena, a Unilever, a Sonae entre outros exemplos representam marcas de referência e líderes em muitos dos segmentos em que atuam, mas não deixam de ter a sua marca "umbrela" e nem sempre com uma notoriedade muito elevada (não é o caso de todos os exemplos aqui apresentados). É curioso ver que muitas vezes a marca do produto "engole" a marca da empresa, especialmente se esta não é utilizada para comunicação ou se mesmo em termos corporativos não existe uma elevada notoriedade. O caso do Navigator Group que substituiu o grupo

Portucel/Soporcel, uma marca com elevada notoriedade internacional e que hoje é a marca da empresa. Em novembro de 2017 foi apresentado o Super Bock Group (SBG), a nova designação da Unicer que de acordo com o administrador executivo da empresa, Rui Lopes Ferreira, se justifica porque "a marca e a empresa, são indissociáveis, fruto de uma história de sucesso, que evoluiu lado a lado".

Seja com marcas muito conhecidas, corporativas ou umbrela, seja no B2B ou no B2C, a forma como a marca é trabalhada tem impacto no employer branding caso essa imagem seja negativa. Também tem impacto se a imagem for positiva, mas não é determinante. Quando falamos de marcas com elevada notoriedade e com uma posição de destaque no seu mercado não falamos de marcas atractivas para trabalhar, porque a proposta de valor da marca não é a proposta de valor para o trabalhador. Já mencionei isto quando referi a diferença entre consumer brand e employer brand, e a conclusão não mudou. A única coisa em que o B2B e o B2C podem ter influência no employer branding é no conceito de criação de valor, ou seja o consumidor quando toma a sua decisão de compra não está focado em ganhar dinheiro, mas a sua noção de valor acrescentado pode ter outras dimensões. Mas esta diferenciação não tem impacto na definição da proposta de valor para o candidato/colaborador.

Em relação às empresas existentes mas "sem marca" (uma realidade impossível para um marketeer pois há sempre uma marca no conceito de marketing, mas aqui vamos considerar que a empresa não a trabalhou e não a criou, viveu com o seu registo comercial no mercado), estas empresas sem marca, fundadas apenas na relação direta com outras empresas, têm um grande desafio pelo desconhecimento da sua identidade corporativa e como este pode impactar na atração de talento. Existem vários exemplos, mas os nomes não são conhecidos. O sector jurídico viveu durante anos com este princípio. As sociedades de advogados registadas com o nome dos seus fundadores não tinham marca. Mas os nomes funcionavam como identidade da sociedade, nomes que pela complexidade começaram a ser usados com siglas que posteriormente se transformaram em marcas como seja a PLMJ (António Maria Pereira, Luís Sáragga Leal, Francisco de Oliveira Martins e José Miguel Júdice Sociedade de Advogados) ou a VDA (Vieira de Almeida e Associados). Apesar de já existirem sociedades internacionais a atuar com marcas não ligadas ao nome dos fundadores como era o caso da Linklaters, em 2008 foi constituída a AAA, uma sociedade de advogados portuguesa que privilegiou a criação de uma marca própria sem a associar ao nome dos seus fundadores. Mas se o sector jurídico passou por esta transformação, outros ainda não. As organizações sem conhecimento de marca devem rever a sua estratégia de comunicação (ou de não comunicação), porque cada vez mais o talento vai querer conhecer a sua história e qualquer história exige um nome, uma identidade. O que é fundamental é que nos episódios dessa mesma história existam marcos importantes e uma proposta de valor que possa fortalecer esse nome e que lhe dê força de marca.

Tendo por base o caminho percorrido, o conceito de employer branding define-se como uma estratégia de longo prazo para uma audiência, com o objectivo de gerir a notoriedade e a percepção dos trabalhadores, de potenciais trabalhadores e de outras partes interessadas em relação a uma determinada empresa. A marca empregadora, ou seja, o employer brand apresenta uma imagem que mostra a organização como o melhor local para trabalhar[4].

Employer branding é também o casamento entre o marketing e os recursos humanos, marketing que inclui a comunicação. Talvez por isso seja uma área ainda mais apaixonante e tão recente nas organizações. O employer brand cria a necessidade de misturar as competências destes departamentos e ao mesmo tempo a capacidade de envolver todas as outras áreas no processo de avaliação, diagnóstico, definição estratégica e implementação. Um desafio apaixonante porque combina pessoas com organizações e demonstra a importância que estas têm e como é a individualidade de cada um que transforma o colectivo, não apenas da organização, mas do employer brand da empresa em relação aos seus principais stakeholders. O desafio dos atuais canais de comunicação também eleva esta discussão. Novos conceitos como employee advocacy, social sharing entre outros trazem desafios para as organizações que nem todas estarão preparadas. No congresso de 2017 da APDC (Associação Portuguesa para o Desenvolvimento das Comunicações), num dos painéis, o CEO da Unilever em Portugal, António Casanova, explicava o que tinha mudado para a marca em termos de transformação digital. Durante 50 anos tinham apostado tudo em televisão e conheciam as suas potencialidades e limitações (acredito que aqui falava das audiências e da veracidade dos dados). Com a transformação digital a própria televisão mudou mas novos canais apareceram e na verdade, admitia, nestes últimos quatro anos andavam a testar estes canais ainda sem perceber exactamente qual o melhor. Da mesma forma reforçava que o digital tinha alterado o conceito de comunicação, ou melhor dizendo, tinha alterado o conceito de informação, de promessa das marcas para o consumidor. O digital criou canais em que o consumidor pode comentar, pode responder e pode questionar. Com muita coragem, o CEO da Unilever partilhava que as marcas não querem e nem sabem o que fazer com essa interactividade, mas o novo perfil do consumidor assim o exige. Este é um testemunho que também pode incluir o employer branding, porque é também porque o candidato e o colaborador mudaram que os desafios para as organizações também aumentaram. A exigência na comunicação é cada vez maior e tem que ser cada vez mais real nas suas mensagens. Um caminho que é contínuo e fundamental.

2. DE DESCONHECIDO A BUZZ WORD

- Escassez do talento
- Gerações Millenial e Z
- Employer branding é estratégico

De um momento para o outro não se fala de outra coisa. São eventos, conferências, artigos de opinião, especialistas e departamentos que ganham este nome – employer branding. De expressão desconhecida a buzz word, mas o que motivou esta transformação?

Há dois factores principais: a escassez do talento e a geração Y e Z. Começando pelo primeiro. A terceira e a quarta revolução industrial tiveram à semelhança das duas anteriores um elevado impacto no mundo do trabalho. Como esta não é uma nomenclatura oficial, sigo o defendido por Klaus Schwab[1], fundador e Chairman Executivo do World Economic Forum que divide em quatro momentos: a primeira revolução traduziu-se na utilização de água e vapor para mecanizar a produção. A segunda usou energia eléctrica para produzir massivamente. A terceira veio com as tecnologias da informação e a produção automatizada e a quarta nasce da terceira e é a transformação digital que tem vindo a acontecer desde metade do século passado. É caracterizada pela fusão das tecnologias que está a atenuar (às vezes até a confundir) as linhas entre as esferas do físico, do digital e do biológico. Esta divisão entre a terceira e a quarta não é acolhida por todos os autores, mas o fundador do World Economic Forum justifica que existem três razões para que esta seja mesmo uma transformação e não um mero prolongamento: velocidade, âmbito e impacto nos sistemas.

A velocidade em que acontece a disrupção, algo sem precedentes e que comparando com as anteriores, o impacto global em termos de indústrias e países e a possibilidade de biliões de pessoas estarem conectadas a dispositivos móveis, com capacidades de processamento, de armazenamento e de acesso ao conhecimento de forma ilimitada. Possibilidades que vão continuar a aumentar com tecnologias emergentes tais como a inteligência artificial, a robótica, a Internet of Things (IoT), os veículos autónomos, a impressão 3D, a nanotecnologia, a biotecnologia e a computação quântica.

Mas o que é que tudo isto tem a ver com a escassez de talento?

Tudo. As revoluções têm sempre impacto no trabalho, nas funções. Teme-se o fim de algumas e desconhecem-se tantas outras que são depois criadas. Esta é uma realidade que se repete como a história da humanidade comprova. Há profissões do passado que não sobreviveram outras que foram criadas mas também as que foram condenadas mas que ainda resistem e se reinventaram. Porque a quarta revolução industrial é caracterizada pela velocidade, aquilo que encontramos é um "gap" entre as competências disponíveis no mercado e as que hoje já são necessárias para as organizações, as consideradas críticas. Os perfis CTEM (Ciências, Tenologia, Engenharia e Matemática) são de acordo com o Randstad Workmonitor[2] aqueles que apresentam maior crescimento em termos de necessidade de recrutar pelas empresas, estando Portugal acima da média global de 42%, atingindo os 57%.

De acordo com o mesmo estudo 71% dos inquiridos considera que os estudantes deveriam estar focados nestas áreas de competência (em Portugal as respostas sobem para os 84%). Mais de dois terços concordam ainda que as empresas devem investir no desenvolvimento das competências digitais dos seus colaboradores, demonstrando que são estas as competências críticas que as organizações procuram tanto nos novos talentos como na retenção das suas pessoas. Não é por acaso que a palavra reconversão tem vindo a surgir, com diferentes estratégias de implementação e algumas taxas de sucesso interessantes e que transformam profissionais de áreas não CTEM em programadores e noutras profissões com elevada taxa de empregabilidade. Estas medidas demonstram o gap existente entre a oferta e a procura e justificam taxas de desemprego na Europa com dois dígitos e o desespero das organizações em captar e reter o seu talento. A causa não está nos números da oferta e da procura, mas sim do que caracteriza cada uma das partes, que não faz esse match. E apesar do foco estar nas competências técnicas, o relatório do World Economic Forum revela que a transformação também está nas chamadas soft skills, nas competências pessoais que vão sofrer alterações com a digitalização das empresas.

Um questionário conduzido pela Randstad Sourceright a cerca de 400 profissionais de recursos humanos em todo o mundo identificou que 72% das empresas afirma que a escassez de talento já teve um impacto negativo no seu negócio; 45% acredita que existe uma ameaça à continuidade da liderança nas suas organizações e à sucessão; 82% indicam que a aquisição de talento é já uma prioridade das empresas. Uma constatação evidenciada também no LinkedIn Global Recruiting Trends Report 2017, onde 83% dos líderes de recursos humanos inquiridos identificou o talento como a prioridade número 1 da sua organização.

Este gap existente entre a oferta e a procura de talento pode levar a que se considere a solução de reconversão de competências como a solução e o fim das funções que não tenham por base perfis CTEM. Esta conclusão não é verdade e é importante que as empresas vejam a palavra talento de forma abrangente para que consigam ser atractivas para a diversidade de perfis que são necessárias. A quarta revolução industrial tem vindo a criar a tendência para a rápida desindustrialização e polarização do emprego nos países da OCDE[3]. A polarização está a crescer à medida que o número de trabalhos com salários muito altos e baixos cresce em detrimento do salário médio, que está a diminuir. Uma razão crítica para esta tendência é o efeito da automatização, da robotização e do outsourcing de muitos empregos. A necessidade de perfis CTEM vai ainda aumentar mais essa polarização. À medida que forem criados mais empregos altamente qualificados para suportar os produtos digitais e a tecnologia, vai acontecer um aumento proporcional de emprego com baixas qualificações. Na verdade, os investigadores revelam que para cada trabalho altamente qualificado que é criado, são gerados entre 2,5 a 4,4 trabalhos adicionais. Por isso a guerra do talento é também a guerra do volume e das assimetrias dos ordenados.

A escassez de talento nos perfis CTEM que já é sentida hoje pelas organizações e que tem impacto direto no employer branding. E que muito embora se preveja que estas são as funções de maior crescimento, os restantes perfis não vão desaparecer e vão continuar a suportar as actividades da organização. As competências necessárias para o profissional de amanhã (ou direi de hoje) vão acompanhar esta mudança e as empresas devem reconhecê-las também na sua força de trabalho actual de forma a ter e manter os melhores talentos.

Competências mais procuradas

fonte: Future of Jobs Report, World Economic Forum

GRÁFICO 2 – Evolução das competências mais procuradas de acordo com o World Economic Forum.

Mas é também por causa das gerações Y e Z que todos falam de employer branding, e porquê? A geração Y ou millenial é talvez uma das mais faladas de sempre, mas já existiam outras gerações antes desta. Este conceito surge por culpa do marketing ou melhor dizendo de marketeers que sentiram a necessidade de definir o seu target group e encontrar mesmo um nick name mais apelativo que caraterizasse um grupo de indivíduos nascidos no mesmo ano, que destacasse as características que pareciam ser maioritariamente comuns. Não é claro quem começou, mas existem autores ligados ao nome de algumas das gerações. Um deles, Peter Francese, especialista em demografia e mercado de consumo, defende que a expressão "baby boomers" (que inclui pessoas nascidas entre 1946 e 1964) terá sido a primeira geração com rótulo e as antecedentes foram nomeadas de forma retroativa. De acordo com este especialista a categorização das gerações começou com o Census, onde durante este intervalo de anos se viu crescer de forma exponencial o número de nascimentos, de 3 milhões por ano para quatro. À medida que estes filhos da guerra (II Guerra Mundial) cresciam e se tornavam adultos, também se tornavam consumidores, e as agências descobriram tendências que o marketing estava a utilizar para os atrair para os seus produtos. E era também o marketing à volta do nick name que o tornava oficial, como o defendeu Peter Francese ao dizer que "rapidamente depois do nome ser escrito pelo publicitário em Nova Iorque, pelo publicitário no Wall Street Journal, de estar presente nas várias secções de negócio dos jornais, que o nome passa a fazer parte da consciência popular". Este "viral" faz com que seja ainda mais apelativo para as marcas e para os marketers a necessidade de criar gerações diversificando as justificações que estão na origem dos rótulos geracionais. Ao contrário do que acontece com os babby boomers que nascem de um fenómeno demográfico, as restantes gerações surgem ligadas a obras literárias, a segmentação de comportamentos, a generalizações de consumo. Como seja a geração X (entre 1965 e 1980) que resulta do livro com o mesmo nome, do autor Douglas Coupland que descreve as pessoas nos anos 60 e 70. A utilização pela indústria do marketing foi de tal forma intensiva, que o autor tentou distanciar a sua obra do (ab)uso do conceito. A geração seguinte e que é a mais relevante para o "boom" do employer branding, é conhecida por geração Y, uma terminologia utilizada em 1993 num editorial da "Advertising Age" para descrever os consumidores nascidos entre 1981 e 2000. Em 2005 esta análise é posta em causa dando relevo à palavra "millennials" utilizada por Neil Howe e William Straussa. Howe explica que "estávamos de facto a falar sobre as mesmas crianças, mas com interpretações diferentes. A geração Y pintava um retrato de que estes miúdos eram uma versão muito radical da geração X e nós dissemos que não, que não eram nada disso. Se olharmos bem eles são o contrário da propensão ao risco"([4]).

O número de resultados de uma pesquisa para geração millenial é assustador, o que já se escreveu sobre esta geração e o quanto ela (parece) estar distanciada da geração X teve implicações e tem implicações no mundo do trabalho. Fomos e somos inundados por artigos de como os receber nas organizações, hoje debatemo--nos com o tema de como estar com eles e retê-los dentro delas. Mas porque o tempo não pára e porque a quarta revolução também tem consequências comportamentais, as empresas e as marcas ainda estão a tentar compreender os millenials mas já com os olhos postos no comportamento da próxima geração, na forma como consomem e como vêem o mercado de trabalho (de acordo com a lei portuguesa, podem trabalhar mesmo que em regime pontual, pessoas a partir dos 16 anos).

Mas o que têm estes millenial's? O que trouxeram para as empresas enquanto candidatos e como colaboradores? São várias as referências e insights aos quais acrescento a minha experiência pessoal, a visão de alguém da geração X. Os millenials são a geração do 8 e 80, capaz do impossível, dão sentido à palavra inovação e transformam empreendedorismo em disrupção. Os unicórnios deixam de ser animais do imaginário para serem empresas, com modelos de abordagem ao mercado baseados no risco e na tentativa. Errar rápido para ser bem-sucedido ainda mais rápido. Questionam modelos de liderança, organizações matriciais, modelos GANTT e introduzem o lean e o agile nas start-ups e que rapidamente são replicados e absorvidos pelas organizações (ditas) tradicionais.

Jeff Boss, na Forbes([5]) escreve porque é que esta geração está a criar a disrupção nos recursos humanos e considera que é para melhor. Para o autor os millenials destacam-se por abraçar a mudança. Eles entraram no mundo laborar depois da grande crise económica e por isso esperam a mudança, aprenderam a antecipar o caos e apresentam soluções focadas na resolução de problemas. Esta abordagem tem implicações de liderança, porque reforça a auto-estima e ao mesmo tempo cria desafios de recrutamento. Uma directora de recursos humanos de um banco tradicional que não vou identificar contava exactamente essa diferença que sentia na integração de jovens licenciados. No seu programa de atração de talentos escolhiam os melhores alunos de economia para um estágio. O primeiro dia e após a apresentação da empresa era feita uma reunião com o presidente do banco, no último andar, onde o gabinete é um salão que mistura a tecnologia com obras de arte. Esta visita tem como propósito dar uma experiência a estes jovens, conhecerem um banqueiro e o líder de uma organização de referência. Estarem na mesma mesa que ele e terem a oportunidade de o ouvir, de fazer essa aprendizagem. O presidente do banco é inspiracional, é um decisor. Quando terminado o discurso, um dos estagiários afirma que talvez não queira ficar no banco. Di-lo em voz alta, de igual para igual, com o respeito de gerações diferentes, mas com a frontalidade e a transparência que as distingue. Não diz apenas que talvez não queira. Questiona, pergunta o que levou o presidente do banco a ficar ali, o que pode fazer, qual o seu papel e o que têm para lhe dar. Um episódio simples e real, mas que seria difícil de imaginar na geração anterior, onde na mesma sala, se fazia um silêncio cortante, se tiravam notas e se admirava o líder da organização, sem questões.

Esta geração tem também uma pergunta frequente, a questão do que vou fazer a seguir. Hoje fiz isto, mas e a seguir? Esta fuga às rotinas e a sede de novos projetos nem sempre tem a mesma velocidade que as empresas ditas tradicionais, em que a participação ainda não é transversal e existem descritivos de funções muito completos e balizados que impedem o conceito do que vem a seguir, porque depois é igual ao antes e o mesmo que agora. A comprovar esta tendência, um estudo da Retail Wire conclui que os millenial já ultrapassaram outras gerações na mobilidade laboral, o que levanta muitas questões no capítulo da retenção (um dos pontos críticos do employer branding). Os números são reveladores: 60% dos millenial's deixam a empresa antes de completaram 3 anos, 71% das empresas dizem que a perda destes perfis aumenta o fluxo de trabalho e o nível de stress dos colaboradores atuais e 56% acrescenta que demora cerca de três a sete semanas para colocar um novo millenial completamente produtivo numa nova tarefa. Este desligar ou a falta de ligação às organizações coloca em causa o conceito de "vestir a camisola", uma expressão que estava associada ao profissionalismo e que ajudava as empresas a terem os seus promotores na relação com a marca. Mas a desconexão parece estar exactamente na marca e não no projecto (o que é preocupante para o employer brand). Os millenial's querem o melhor dos dois mundos, querem a liberdade de escolher e ao mesmo tempo querem ter impacto. E são estes quereres que questionam os modelos de liderança. Na Web Summit do ano passado dei um workshop sobre as "growing pains" dos recursos humanos, as dores de crescimento na gestão de pessoas das start-ups. Dividi o palco com uma directora de recursos humanos de uma empresa tradicional e a nossa apresentação seguia 10 don'ts de empreendedores que viram o seu negócio falhar (também) pela sua incapacidade de gerir pessoas, de atrair e de reter os melhores talentos. Um dos pontos indicados era que não mandam todos. A controvérsia instalou-se na sala e um jovem programador do

Porto desafiava a directora de recursos humanos para conhecer a organização em que trabalhava, onde não existe uma hierarquia estabelecida, mas sim equipas de projecto com funções e objectivos. Mas não há chefes. Todos trabalhavam para o mesmo fim e não precisavam desses cargos, dessa complexidade de estrutura e organização matricial. Sinceramente há aqui uma visão quase anárquica do modelo de governance, mas uma anarquia baseada no focus, na competência e no respeito sem competitividade, apenas competitividade externa de querer ser bem sucedido. Será isto possível? Permitirá a nossa natureza que um negócio cresça sem hierarquias? Tenho dúvidas até porque a liderança se treina mas é também uma competência inata, e basta que hajam dois para que o contraditório exija um vencedor e um vencido (mas eu não sou millenial e talvez por isso tenha alguma resistência em acreditar que é mesmo possível). Ao mesmo tempo, e na estatística de que mais de 90% das start-ups falha, o motivo da falta de liderança nestas organizações é uma das causas apontadas. Lembro-me de uma das start-ups que conheci num projecto de mentoring em que estive envolvida. Eram 5 sócios, igualitários e sem pastas, porque todos queriam participar em todas as decisões (nunca percebi se era excesso de democracia ou falta de confiança) e por isso eram todos equitativamente responsáveis por tudo (ou equitativamente responsáveis por nada). O macro management e o micro management não são compatíveis e seria difícil imaginar a continuidade do negócio com um modelo demasiado equitativo (na minha opinião) e neste caso bastou um dos sócios querer sair que toda a estrutura se desmoronou.

Os millenial's procuram a ligação no mundo do trabalho e é nessa procura que quando se juntam boas equipas a magia acontece. Superam-se obstáculos e superam-se objectivos. Existe confiança nas competências e era isso que o jovem programador do Porto defendia e eu ainda hoje fazendo parte de um modelo hierárquico dito tradicional, tenho dificuldade em acreditar que pode ser assim sempre e para sempre. O crescimento das organizações vai permitir? Conseguiremos ter sempre equipas com o mesmo nível de know-how e que se desafiem? Não bastam as características técnicas, tem de existir uma adequação profissional. Não é a toa que os modelos de recrutamento devem considerar pelo menos três dimensões: job fit (adequação à função), boss fit (adequação à chefia) e company fit (adequação à empresa). Há alguns exemplos no mercado de empresas que enfrentam esse desafio. Que de uma equipa lean e motivada apenas pelo projecto conseguiram passar para um unicórnio e que atravessam agora as dores de crescimento da desconexão dos novos profissionais com os fundadores. Não existe uma cultura única e a proposta de valor para os colaboradores terá de ser revista, não basta querer ter sucesso no projecto, há que responder sempre e continuamente (e na minha opinião, a todas as gerações) à questão do "what's in it for me?", o que a empresa vai dar aos seus colaboradores. Mas continuemos a abordagem a esta complexa geração. Os millenial's procuram a cultura da conexão, o que está na essência da liderança e de um líder, a combinação entre os valores, necessidades e interesses e nem sempre as grande organizações pela sua história e pelas suas pessoas podem oferecer esse equilíbrio.

Mas os millenial's não são apenas "isto", esta geração transformadora e disruptiva, que conseguem brilhar em entrevistas de emprego pela sua genialidade, capacidade de questionar e a frontalidade. Eles são também a geração "nem nem", nem estudam, nem trabalham. Em Portugal não têm aumentado, mas a média Europeia está nos 12%. Em 2017, o Instituto Português do Desporto e da Juventude abriu um concurso para 630 bolsas a jovens entre os 18 e os 29 anos que estejam nesta situação e que queiram começar uma empresa, com bolsas mensais de 700€, que podem ter um acréscimo de 10 mil euros numa fase posterior. Uma medida que procura reduzir esta percentagem, que segundo dados divulgados pelo Instituto Nacional de Estatística, em 2016, seria de 11,5%, cerca de 3000 jovens. Um fenómeno ao qual as empresas não devem estar indiferentes, até porque em alguns países existe um verdadeiro "contágio". É difícil compreender e aceitar esta indiferença e leva a suspeitar se não serão vivências em economia paralela que sustentam estes modos de vida, mas é preciso ver o fenómeno enquanto fenómeno social. O que leva estes jovens a saírem da sociedade tradicional, a não fazer parte dela, a não querer contribuir? Quando olharmos para a geração seguinte vamos voltar a falar de causas, de sentido e de conceitos de economia circular e de sustentabilidade e compreender se a próxima geração tem na sua génese alguma influência deste grupo, sabendo à partida que não podemos ignorar os "nem nem" e que o governo deve ser ativo nas medidas para continuar a reduzir esta "geração" quer em quantidade quer em impacto para as gerações futuras.

Mas continuemos nos millenial's, estes são ainda os moradores residentes da casa dos pais, os que atrasam indefinidamente a independência em troca de manter a qualidade de vida, as suas relações amorosas mesmo que duradouras vivem de encontros ao final do dia e fins-de-semana, estão mais preocupados em viajar e aproveitar do que em estabilizar (no conceito tradicional de casar e ter filhos). Não se ligam ao trabalho, estão focados em viver e não na carreira, desistem à primeira adversidade e vivem de forma real a vida digital, focados no que são nas redes sociais, entrando em jogos suicidas e multiplicando-se a tentativa de ser viral, de ser famoso, dos reality shows. São os que abandonam o posto de trabalho, os que prometem que é desta que vão estabilizar na carreira, mas que ao primeiro plano de melhoria convencem-se "que não sou eu, são eles". São os que desistem e não insistem, preferem viver de subsídio do que trabalhar fora da sua área, lamentam o que não têm e vivem rodeados de tecnologia e de aparências. A geração do consumo nascida e vivida na época do desemprego jovem, com excesso de informação, sempre ligados, mas por vezes completamente desconectados com a sociedade. São verdadeiros cat-fish's, nem sempre fáceis de detetar e escondidos no online. Numa reunião do conselho editorial de uma revista de marketing, vários directores desta área nas principais empresas a atuar no mercado nacional diziam que já ninguém quer informação, o que querem é apenas aquilo que é relevante para cada um e com os seus olhos. Os blogs tendenciosos e sujeitos a qualquer (ou nenhum) código deontológico ganham prevalência aos meios de comunicação social (alegadamente) isentos e vale tudo nos comentários. Notícias de verdadeiras batalhas de palavras e humilhações em comentários inundam as redes sociais, demonstrando que todos têm direito à opinião e que os limites parecem ser apenas aquele que (felizmente) as redes sociais ainda permitem que existam.

Numa caracterização extensa e antagónica, há uma conclusão a tirar e essa é que existe mesmo o desafio dos millenial's, eles são mesmo diferentes na sua atitude para com a vida profissional e que a estratégia de employer branding ganhou maior importância quando a guerra pelo 80 é crítica para o sucesso e para a reinvenção das organizações e quando o 8 entra nas empresas e surpreende pela ausência e descomprometimento. O estudo anual da consultora Deloitte, o Millenial Survey, confirma o antagonismo destes comportamentos, mas mostra também o impacto da conjuntura naquilo que são as aspirações profissionais desta geração. E muito embora esta análise revele este impacto existem traços característicos a ter em conta. Em 2017 o destaque foi para a procura da estabilidade e oportunidades num mundo incerto. Depois de um ano turbulento pontuado por atentados terroristas na Europa, pelo Brexit e pelas eleições americanas que surpreenderam a Europa, a confiança dos millennial's ficou abalada. Enquanto em 2016 a vontade era de mudança, 2017 afirmou-se como um ano de insegurança, em que esta geração afirmou agora ser menos provável deixar a estabilidade dos seus empregos, revelando estar mais preocupada com a incerteza proveniente dos conflitos ocorridos e apresentando-se como menos otimista com as suas perspetivas futuras e com o rumo que os seus países estão a seguir. Este estudo que envolveu cerca de 8.000 millennial's de 30 países revela que se por um lado e como não podia deixar de ser, os factores conjunturais têm impacto nas ambições desta geração, também as suas expectativas são diferentes conforme a sua realidade socio económica. Os millennial's em mercados emergentes esperam ter uma situação melhor que a dos seus pais, tanto financeiramente (71%) como emocionalmente (62%), contrastando com os millennial's em mercados desenvolvidos, onde apenas 36% prevêem ter uma melhor situação financeira e 31% afirmam que serão mais felizes que os seus pais. Se esta geração era caracterizada pelas preocupações ambientais, a verdade é que os factos recentes e sucessivos alteraram as suas preocupações para o terrorismo. Quanto às empresas, o mesmo estudo indica que os millennial's vêem as empresas de forma positiva e acreditam que têm tido uma atuação mais responsável. Cerca de 88% afirmam que as empresas, em geral, têm um impacto positivo na sociedade onde se inserem. Contudo, acreditam também que as multinacionais não estão ainda a realizar todo o seu potencial para ajudar a sociedade a resolver os seus maiores desafios. Esta responsabilidade das organizações não é um descartar de responsabilidade própria. Os millennial's sentem-se responsáveis por uma variedade de problemas tanto no local de trabalho como no mundo em geral. Contudo, é primeiramente no local de trabalho, e através dele, que sentem que podem criar maior impacto. As oportunidades de participar em "boas causas" a nível local, muitas das quais são viabilizadas pelas empresas onde trabalham, dão aos millennial's um sentimento de influência acrescido. Uma verdadeira oportunidade para as organizações que temem o "desligar" desta geração e a falta da "camisola" destes jovens. Será que esta pode ser a resposta para uma estratégia verdadeiramente sustentável? Será esta a geração que vai passar das intenções aos atos?

A liderança é também algo questionado pelos millenial's e com impacto direto no employer branding das empresas. Na generalidade, os inquiridos no estudo da Deloitte não apoiam líderes que tomem posições controversas ou fraturantes, ou que persigam transformações radicais ao invés de mudanças graduais. Sentem-se mais confortáveis com um discurso simples e sem ambiguidades por parte dos líderes empresariais e políticos; e identificam-se com os que defendem minorias e todos os que se possam sentir excluídos ou isolados. Mudanças que podem vir como reflexo da conjuntura mas também com a idade e por isso as empresas já olham também para a geração seguinte.

Da complexidade do Y para os próximos profissionais a integrar a força de trabalho, a geração Z, como caracterizar? O que muda em relação aos millenial's e que impacto para as estratégias de employer branding? Existem algumas diferenças notórias, por exemplo no que se relaciona ao propósito. Esta geração está mais focada no dinheiro e na segurança laboral, querendo fazer a diferença no mundo mas tendo esta estabilidade (questiono se será um retrocesso da humanidade ou apenas um reflexo da conjuntura, como vimos que também tem impacto nos millenial's). A insegurança parece ser também uma palavra-chave enquanto característica pessoal. Esta geração quer acumular experiências compensadoras, mas sofrem de impaciência e do chamado FOMO (Fear Of Missing Out, o medo de perder algo) por isso o feedback instantâneo e a satisfação são fundamentais. Neste mix de sentimentos e destaque vai também para a ansiedade, aceitando ter mentores mas com a possibilidade de crescerem rapidamente, com um caminho transparente e bem definindo, destacando a meritocracia objectiva (se esta for efectivamente possível, o que é também um desafio adicional para as organizações).

Porque são filhos da crise e assistiram ao desemprego e a histórias de insucesso, reconhecem as forças e fraquezas, acreditando que existem vencedores e perdedores, estando focados no sucesso e em ter as ferramentas para minimizar os seus pontos fracos. Num estudo elaborado com os Z em Portugal, o que mais preocupa esta geração é a pobreza, a corrupção e o desemprego juvenil encontrando como solução o aumento do investimento na educação, o apoio a empreendedores e às pequenas e médias empresas (o que no nosso caso representa 99% do tecido empresarial!!!!). E se muitas vezes os estudos generalistas ou americanos não espelham a realidade nacional, a verdade é que os Z de Portugal à semelhança dos insights mundiais também não querem só trabalhar, querem viver uma experiência, procurando empresas próximas da sua forma de entender o mundo: conectado, transparente e audiovisual. Esperam também bom ambiente, conciliação entre a vida pessoal e profissional e desenvolvimento de competências. Para 52,2%, o seu emprego ideal é arrancar com a sua própria empresa ou trabalhar por conta própria, uma tendência empreendedora que teve um boost com os millenial mas que claramente ainda não abrandou. E as empresas que se cuidem, assim como o próprio Estado, porque apenas 24,6% pretende ser assalariado numa empresa privada e 9,3% trabalhar na função pública. Existem ainda uns preocupantes 14% que não sabem qual a sua preferência (serão potenciais "nem nem" ou apenas indecisos?).

Os jovens da geração Z tendem a ser fiéis às marcas mas as decisões finais podem depender de outros factores: 46,7% refere que as suas escolhas dependem muito do tipo de produto e 37% das marcas que lhes transmitem mais confiança. Os Z dos 14 aos 18 anos são os que tendem a fixar-se mais num produto ou marca (40%).

Assim, preço acessível, repostas imediata às suas necessidades, marca responsável que respeita o ambiente, imagem de marca de qualidade e marca que use uma linguagem próxima da sua são os factores mais apontados relativamente à realização de uma compra. A Internet e as páginas web são as principais fontes de informação dos Z para as suas actividades diárias. Porém, no que concerne a informação política, a televisão (ainda) é a grande vencedora (falta saber quantos se interessam verdadeiramente pela temática e com que periodicidade consomem este tipo de informação). O estudo conclui que a geração Z é, em traços gerais irreverente, exploradora, apaixonada, inovadora e, potencialmente, mais focada em si própria. É também muito profissional e empreendedora, composta por pessoas envolvidas e informadas, com uma abordagem pragmática à vida, procurando constantemente pela inovação em todas as vertentes da sua vida. Já não dividem o real do digital, porque querem tirar partido da nova lógica digital. Apesar das redes sociais e das partilhas, valorizam e preservam a sua individualidade, dão prioridade às suas paixões e querem estabilidade e realização. São competitivos e têm a opinião de que os millenial's complicaram os locais de trabalho e o próprio mundo do trabalho, pelo excessivo foco no equilíbrio pessoal, profissional. Curiosamente o oposto já não se verifica, os millennial's tendem a ter uma opinião amplamente positiva sobre a geração Z (atualmente com dezoito anos ou menos), acreditando que este grupo tem fortes competências em tecnologias de informação e capacidade para pensar criativamente. Seis em cada 10 millennial's acreditam que a geração Z terá um impacto positivo à medida que for crescendo a sua presença no mercado de trabalho; esta convicção é mais forte nos mercados emergentes (70%) do que nos mercados desenvolvidos (52%).

Antes de concluir o impacto geracional no crescimento da importância do employer branding, vale a pena destacar o crescimento da chamada gig economy, especialmente na Europa. Um conceito que espelha a tendência das empresas em contratarem profissionais altamente qualificados para desempenharem funções estratégicas nas organizações, de forma temporária mas com boa remuneração. Um modelo diferente do outsourcing e que vai mais além do que o conceito de freelancer. Na verdade a gig economy surge deste desequilíbrio de talento, em que determinados perfis têm a possibilidade de escolher os trabalhos e os projectos em que estão envolvidos, podendo trabalhar de uma forma colaborativa, muitas vezes fazendo parte em projectos de larga escala e considerados pelos próprios como verdadeiro desafios, altamente motivacionais. É uma tendência do mercado de trabalho resultado da digitalização, da inovação, da rapidez de resposta, e da necessidade das empresas estarem sempre um passo à frente das exigências dos clientes e da concorrência. O estudo Global Human Capital Trends da Deloitte revela que em 2016, 51% dos executivos mundiais planeavam aumentar o recurso a este tipo de profissionais no prazo de três a cinco anos. A tendência é global, mas é entre os norte-americanos que o modelo tem ganho mais adeptos. Até 2020, cerca de 40% dos profissionais norte-americanos deverão trabalhar como freelancers. Portugal ainda está afastado destes números, mas a globalização vai ter impacto rapidamente e é de prever que não sejamos uma excepção. Além disso o digital faz com que esta análise ultrapasse fronteiras e que o crescimento destas comunidades (também elas globais) tenha impacto nas empresas, em qualquer parte do mundo. No nosso país entre 2011 e 2016, o número de trabalhadores por conta própria, os chamados trabalhadores independentes tiveram uma descida de 203 mil profissionais fixando-se, segundo o Instituto Nacional de Estatística (INE) nos 789 mil, em finais de 2016. Mas esta gig economy não é o conceito tradicional de independente, é o conceito real de independência, é que não pressupõe apenas a integração de um número crescente de profissionais freelancers, fisicamente nas organizações, trata-se de gerir todo um novo ecossistema laboral que combina freelancers, profissionais em part-time ou teletrabalho, tecnologia e talentos colocados na empresa. Todos eles são stakeholders de uma estratégia de employer branding, com vínculos diferentes, mas com impacto no todo.

O que impede a adoção da gig economy e de modelos flexíveis de trabalho ainda é a cultura de muitas organizações, o desafio de integrar modelos diferenciados de relação (mais do que contratação, porque aqui é questão é do foro jurídico) e a própria aceitação por parte dos colaboradores destes modelos diferenciados. Ainda estamos agarrados ao modelo de "vestir a camisola", fazer parte dos "quadros" e por isso é que a transformação dos locais de trabalho não tem sido em muitos casos exemplos de sucesso. O próprio modelo de interin management (recrutamento de profissionais qualificados para funções temporárias de gestão), muito utilizado no norte e centro da Europa, em Portugal ainda não está a ser utilizado em pleno, nem pelas empresas, nem como uma opção para os candidatos, porque implica uma alteração de liderança e também de mentalidades.

Dos perfis ou da falta deles, às características das gerações, terminando em modelos de contratação parece ser fácil compreender que a gestão de pessoas nas organizações passou a ser um verdadeiro desafio. A tecnologia acelerou a sua importância e trouxe para o centro da estratégia o employer branding. Não é uma moda, nem uma buzz word, está para ficar e todos falam porque as suas implicações são decisivas para o sucesso das empresas, para a guerra do talento e do volume.

3. VALORES QUE NÃO SÃO EUROS

- Noção de valor
- O que é o employer value proposition
- O que deve ser a proposta de valor

O conceito de employer branding está sempre associado ao EVP ou melhor dizendo employer value proposition. Qual a proposta de valor da empresa para o trabalhador? Como se define? Que valor ou valores podem as organizações propor aos trabalhadores?

Começando pela noção de valor com um exemplo. Numa acção de formação corporativa discutia-se exactamente este conceito, não pela perspectiva teórica e científica, mas pelos olhos das empresas e dos clientes. O formador assumia para a plateia, que só existia verdadeiramente uma forma de criar valor ao cliente e essa era a de aumentar as suas receitas, gerar lucro. O tipo de empresa em causa era da área dos serviços, um negócio B2B e para a equipa comercial presente em sala era difícil de aceitar que não existissem outros argumentos de venda e que tudo se cingisse a isso, gerar mais lucro para o cliente. O valor era esse e mais nenhum. Em sala esse desconforto também foi sentido pelo CEO e que nesse mesmo dia partilhou com todos os que estavam presentes, incluindo o próprio formador, as 30 dimensões geradoras de valor de acordo com a consultora Bain (inspirada pela Harvard Business Review). Um exercício que identifica quatro grandes dimensões: funcional, emocional, de mudança de vida (life changing) e com impacto social. Numa relação com a pirâmide das necessidades de Maslow([1]), esta é uma resposta ao que os consumidores valorizam num processo de decisão de compra, não excluindo a importância do preço, mas não sendo este o único factor ponderado. É muito interessante compreender que o preço, o valor monetário não sendo decisivo é sempre parte integrante da compra, é um fator higiénico que não deve ser esquecido mas que não pode ser sobrevalorizado, uma vez que é facilmente copiado ou ultrapassado, seja pela negativa, seja pela positiva. Este facto é importante porque é inevitável fazer o paralelismo com o salário e benefícios, discutindo se estes são um EVP, ou se na verdade não são fator higiénicos, ou seja, parte integrante de uma relação laboral, um critério ponderado que tem de existir mas que pode ou não ser decisivo.

Veja-se na imagem 3 os 30 elementos possíveis de gerar valor.

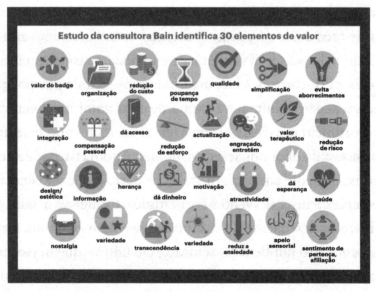

IMAGEM 3 – Elementos de valor de acordo com a consultora Bain.

Num exercício rápido é possível associar momentos de consumo em que os diferentes conceitos de valor foram fundamentais para a decisão de compra. Esta lista pode servir como um exercício também para as marcas perceberem se têm uma proposta de valor sólida, que abrange um ou mais elementos de valor aqui identificados.

Continuando nesta análise das necessidades, é interessante procurar fazer aqui analogias e compreender se de alguma forma o valor que o consumidor procura na aquisição de um produto ou serviço, também pode estar na base da sua motivação para integrar ou manter-se na mesma empresa ou se podemos utilizar este modelo para identificar os grupos de valor que podem estar na base do EVP de uma organização. Na verdade e talvez porque o conceito de employer branding seja recente, é difícil encontrar uma metodologia transversal para definição dos EVP's das organizações, mas há algumas características que podem ser identificadas. Para construir a sua marca, as empresas precisam de EVP's bem definidos, que sejam atractivos, verdadeiros, credíveis, distintos e sustentáveis. Existindo cinco grandes grupos: a carreira onde estão EVPs ligados à progressão profissional, a formação, a gestão de performance. Como segundo grupo a cultura, ou seja a reputação, o clima organizacional, a comunicação e os valores da empresa. O terceiro seria o ambiente de trabalho em termos de autonomia, performance e os acordos de trabalho, como a flexibilidade, as instalações, etc. Por fim a separação entre as compensações e os benefícios, incluindo na primeira os incentivos e o valor base da remuneração e na segunda os seguros de saúde e o sistema de pensões. Muito embora estes sejam todos EVPs que a empresa pode utilizar, na sua declaração de employer branding, a marca procura criar pilares de atuação que depois terão impacto nestes grupos identificados. Essa foi a estratégia da Vodafone no reposicionamento anunciado em outubro de 2017 em que no comunicado de imprensa a empresa de telecomunicações reforça o impacto desta transformação internacional no Employee Value Proposition (EVP) assumindo quatro novos pilares de atuação, que definem a identidade da empresa e a sua visão para o futuro:

Ready to shape the future – Antecipar as necessidades e as tendências num mundo aceleradamente digital, com todas as transformações que isso implica no mundo laboral; criar novas funções, desenvolver novas competências e novas formas de trabalhar;

Ready to connect for good – Apostar em projetos que colocam a tecnologia ao serviço da comunidade, transformando a vida das pessoas e melhorando o seu bem-estar;

Ready to be at my best – Investir no desenvolvimento e valorização contínua dos colaboradores, proporcionando-lhes várias ferramentas e oportunidades, que podem ser exploradas à medida da ambição de cada um;

Ready to be myself and belong – Trabalhar para ser uma empresa cada vez mais inclusiva, que celebra a diversidade presente na sociedade nos seus mais diversos quadrantes. A Vodafone é um espaço onde todos têm lugar e onde podem desenvolver-se profissionalmente, independentemente da sua idade, género, orientação sexual e circunstâncias pessoais.

A directora de recursos humanos da Vodafone Portugal, Luísa Pestana no comunicado oficial da empresa reforça este compromisso: "A Vodafone é uma das marcas mais admiradas em Portugal. E isso tem sido possível porque os nossos colaboradores conseguem viver os valores da marca a partir de dentro. Nesse sentido, é vital adotarmos os seus princípios de uma forma transversal."

Para outras empresas em vez de colocar em blocos os EVPs, o foco está na jornada do talento, ou seja, em que fase do seu ciclo de vida se encontra o colaborador: atração, engagement, desenvolvimento, retenção ou transição. Com base na fase em que se encontra existem propostas de valor.

Não acho que exista uma resposta única quanto à melhor abordagem, a verdade absoluta do valor está na cultura da organização e na forma como esta posiciona as suas pessoas na estratégia e nas prioridades da empresa. Se o valor numa relação entre duas empresas parece que se pode restringir ao lucro, já na relação laboral, o salário não vai ser determinante (ou pelo menos suficiente) para a atração e a retenção de pessoas (e quando digo que não vai ser relevante não digo que é irrelevante, a sua importância não é questionável, mas não é de forma isolada determinante). Muitas vezes o trabalhador está numa função pela possibilidade de ter mais formação, de trabalhar com um mentor ou de ter o melhor equilíbrio entre a vida pessoal e profissional. Pode existir alguma inércia ou bloqueio do mercado de trabalho que levem a que o colaborador se mantenha, e nesse caso o fator é simplesmente a falta de possibilidades do mercado, a lei da oferta e da procura a funcionar, mas quando é assim à mínima alteração conjuntural o colaborador pode sair.

Quando olhamos para o mercado de consumo e voltando à análise de valor, os clientes podem não ter uma decisão materialista (ou seja gastar o mínimo possível obtendo o máximo possível), uma decisão que é exclusivamente baseada no preço. Têm sim uma decisão de consumo e daí as 30 opções de valor encontradas, todas elas relacionadas com a existência de uma necessidade. Por isso quando pensamos em EVP devemos considerar as características distintivas que a empresa oferece aos seus colaboradores, o que a distingue enquanto proposta no mercado. Como fazer esta definição? Volto a reforçar que o salário não deve ser considerado como proposta de valor por se tratar de um fator inerente à relação laboral, o que chamo de fator higiénico. Ao mesmo tempo não é distintivo porque é rapidamente ultrapassado. Então o que podem ser essas características?

Não existe uma lista que se possa escolher, este é um exercício muito mais profundo e verdadeiro que as organizações devem realizar. O primeiro passo fundamental é olhar para dentro, dissecar os dados e a informação da própria empresa. Isto deve incluir informação sobre os trabalhadores, o seu nível de comprometimento, os feedbacks, as motivações de entrada e de saída. É preciso mergulhar em toda a informação para identificar tendências e tópicos principais, olhar por detrás dos números e ir além dos feedbacks formais. Depois da introspecção é necessária a discussão, envolver todas as partes interessadas incluindo a gestão intermédia, os recursos humanos, o marketing e mais importante ainda os trabalhadores. É uma fase de discussão mas também de descoberta, que deve incluir entrevistas e focus group. Ao contrário do que acontece num processo normal de marketing quando se procura a proposta de valor, que muitas das vezes define-se a marca e a promessa da mesma e é através da estratégia de canal e conteúdos que se comunica a diferenciação. Na definição do EVP o processo é sempre centrado no trabalhador e na organização e tem de estar alinhado com as estratégias de recursos humanos. Começa de dentro para fora. Daqui deve resultar de forma clara o EVP da empresa. Baseado em todas as pesquisas e conhecimento adquirido no processo deve ser escrita a proposta de valor, uma fórmula simples que se torne a essência da experiência dos colaboradores e o compromisso do employer brand. Nesta fase também deve estar claro quais as áreas principais que suportam o EVP, como seja o desenvolvimento de carreira, ou o equilíbrio pessoal e profissional ou a responsabilidade social. Este foco é importante e não deve existir a tentação de abarcar todos estes pilares. Antes da implementação é preciso testar o EVP em relação à estratégia de recursos humanos da empresa. Se o EVP não estiver suportado na mesma, então claramente tem de ser revisto. É fundamental que estes dois elementos convivam de forma integrada e harmoniosa.

Por fim, e depois de um processo interno, de discussão e de definição, é necessário entregar a mensagem, implementar o EVP na experiência do colaborador ao longo seu ciclo de vida, em todos os pontos de contacto. É preciso assegurar a sua presença e coerência e ao mesmo tempo tem de ser real e verdadeiro, sentido por todos os que fazem parte da organização. Este é um processo contínuo e que deve ser constantemente medido, pois só assim se conseguirá demonstrar o valor do EVP para a empresa, o seu retorno – ROI (return on investment) e os benefícios trazidos por este.

O EVP envolve um investimento em tempo e uma ligação de todo o negócio. No entanto, quando bem formado oferece muitos benefícios, incluindo uma melhor capacidade de atração e retenção de talentos, ajuda a garantir o foco na estratégia de recursos humanos, reforça a ligação dos colaboradores à marca (employee brand) e pode conetar colaboradores que estejam a afastar-se da empresa. Todos estes benefícios podem ser medidos, demonstrando o impacto de uma boa definição do EVP nas empresas. Um processo moroso e complexo que trará resultados a longo prazo, o que leva a uma urgência na sua definição, antes que a empresa perca os seus melhores talentos ou se torne pouco competitiva no universo dos candidatos.

4. EMPLOYER OU CANDIDATE BRANDING?

- Ciclo de vida do trabalhador
- Experiência de candidato e de colaborador
- Pontos de contacto (touchingpoints)

Quando pensamos em employer branding habitualmente associamos à capacidade de atrair talento, perfis altamente qualificados porque a escassez de competências e o impacto das novas gerações na forma como estas se relacionam hoje com as empresas são decisivos para a crescente preocupação com este tema. Em paralelo, as redes sociais e em especial o LinkedIn e portais agregadores como o Glassdoor demonstram de forma clara o impacto dos colaboradores no employer brand de uma empresa. No caso das redes sociais a democratização dos porta-vozes assim como a possibilidade de incluir o local de trabalho nos perfis sociais veio criar novos influenciadores do employer brand das empresas. O LinkedIn com novas funcionalidades como o pulse (espaço de publicação de artigos) assim como o mural tem o mesmo impacto. Mais recente e com um crescimento exponencial os agregadores de emprego que classificam as empresas quanto ao seu employer brand desde a fase inicial de candidatos. Testemunhos identificados e partilhas na relação com a organização e com um impacto direto na decisão dos talentos em concorrer ou não a uma vaga. Um género de TripAdvisor do emprego e que tem vindo a crescer não apenas nos conteúdos vindos da comunidade mas também na preocupação das empresas.

Por isso, será este um tema mais crítico no início da jornada do trabalhador, ou pelo contrário, o employer branding é ainda mais relevante na vida dentro da empresa? Ou melhor, será que é mesmo relevante em todo o ciclo de vida?

Começando pela definição do ciclo de vida do trabalhador. Não existe uma vez mais um conceito claro de quais são os momentos, mas defendo a existência de sete estados principais, fundamentais para a interacção e o feedback do negócio:

1. Fase de atração – primeiro momento de contacto com a empresa, onde o employer brand tem impacto, cruzando o conhecimento da marca (awareness) com a percepção de atractividade. Nesta fase as empresas têm como objectivo que o seu EVP apareça de forma clara na mente dos talentos (algo que nem sempre é verdade) e as que ainda ignoram o employer branding e se "encostam" aos seus resultados de consumo, têm desilusões quando a marca não chega, muito embora seja uma campeã de vendas nas grandes superfícies. Esta talvez seja a fase em que as regras do jogo mais foram sendo alteradas e mais coisas mudaram. Esta era uma fase desconsiderada por muitas organizações, vivida em prestação de serviços e em que se enunciava os requisitos de procura sem identificar o que se dava em troca, qual a proposta de valor. As alterações entre a oferta e a procura, os desafios das competências e as novas tecnologias vieram dar ênfase a esta fase e criar verdadeiros desafios na concepção e implementação de estratégia de atractividade. Estar onde estão os talentos, conversar e conectar com eles e abandonar modelos tradicionais de

informação de vagas e atitudes "prepotentes" por parte das organizações, que apenas exigem e nada prometem além da integração em empresa de prestígio. A estratégia de employer brand reforça a visão, missão e valores da marca, tem de garantir que este é o melhor local para trabalhar. Esta fase também envolve ouvir e agir tendo por base o feedback, gerindo a reputação para trabalhar da marca através das redes sociais mas também dos sites tipo Glassdoor. É preciso fazer social listening (já são muitas as plataformas que o fazem), mas social listening focado na marca para trabalhar e não apenas na sua vertente de consumo (assim como é preciso ter uma estratégia de redes sociais e de divulgação de anúncios que espelhe o employer brand da empresa).

2. Fase de candidatura – este é um momento muitas vezes desconsiderado, ignorando-se a importância que na verdade tem, principalmente quando hoje as marcas vivem focadas na experiência. Pensando na perspectiva dos clientes, nunca as marcas os iriam obrigar a passar por um processo complexo e demorado para efectuarem uma compra. O mesmo se deve aplicar aos candidatos. É verdade que os dados e as informações são muito relevantes para a triagem curricular, para as decisões data-driven das empresas (em especial do recrutamento), mas ao mesmo tempo o excesso de campos e uma experiência complexa de submissão de candidatura será desmotivadora e alguns candidatos não chegarão ao final do processo. Numa atitude prepotente as empresas podem dizer que então é porque não estava assim tão interessado, mas será que foi isso? Ou será que os "clientes" estão mais exigentes? Ou alguns talvez alguns deles ainda não sejam ativamente "clientes", apenas se sentiram atraídos por uma oferta de emprego, mas a complexidade e a burocracia dos dados solicitados desanima qualquer um. Esta mudança de mentalidades tem de existir, juntar a criatividade

para que a experiência de registo não seja demasiado penalizadora e não aumente a taxa de abandono. Numa das campanhas que desenvolvi demonstramos exactamente isso. Procurávamos um perfil sem experiência, apenas com disponibilidade para trabalhar e com vontade para integrar uma indústria. O nome da empresa não era mencionada e tratava-se de uma oferta com mais de 150 vagas. Em termos de canal foi desenvolvida uma campanha de Facebook muito informativa e focada em conversão, que apontava para a página do site onde estava o anúncio. O processo de candidatura era igual ao de outras ofertas, registo no site, anexando o CV. Nos resultados da campanha, em que tínhamos dois perfis, um mais jovem e outro adulto, o bounce rate, ou seja a percentagem de abandono e não conversão na página da candidatura foi em ambos os casos acima dos 70%. Estes resultados levaram a equipa a fazer diversas questões: a criatividade da campanha levava a uma expectativa diferente? O anúncio tinha falta de elementos de atractividade? Ou o processo de candidatura era demasiado complexo para o perfil em causa? Fizemos novo teste com uma página questionário. Um formulário muito simples em que são registados apenas dados de contacto e disponibilidade. Os números de conversão foram superiores e o bounce rate diminui drasticamente. A complexidade tinha afastado os candidatos, ou por não terem interesse suficiente ou simplesmente porque não tinham um CV feito pronto a anexar. Se o número de candidaturas foi superior a qualidade pode ser inferior, isto porque nessa centena de perfis, muitos dos candidatos que tinham preenchido os dados pela facilidade de o fazer, até não tinham interesse na oferta, queriam apenas ter um momento de entrevista, de contacto com o consultor. Este não é necessariamente uma coisa má, se considerarmos que não perdemos candidatos para o processo em questão e ao mesmo tempo podemos encontrar outros, para outras funções que estejam disponíveis. Por isso pergunto se será justo que o ónus do preenchimento esteja do lado da procura, numa geração que vive da partilha do seu perfil nas redes sociais para fazer o acesso a tudo? Será o CV ainda a melhor ferramenta para contar uma história? Ou basta simplesmente partilhar o PDF gerado pelo LinkedIn? Ou até para funções de suporte dar apenas os contactos e preencher um formulário muito simples? Ainda estamos longe de substituir o CV ou pelo menos de encontrar um modelo universal, apesar da tentativa do Europass. Lembro-me de há cerca de 5 anos atrás acompanhar com interesse a evolução do vídeo CV no Brasil e achar que o potencial estava todo lá. Ao mesmo tempo, no ano passado cheguei a testar uma aplicação que simplificava a forma de fazer vídeos para atrair candidatos, mas que não era mais do que colocar consultores a explicar as ofertas. Um anúncio de emprego feito em vídeo. Apesar da minha expectativa e de várias tentativas (que acredito que não vão acabar), hoje continuam a ser os CVs a principal ferramenta de informação. Maioritariamente longos, cada vez mais sem fotos, cada vez mais na versão PDF do LinkedIn (diga-se que a primeira vez que recebi neste formato achei que o candidato tinha tido pouca atenção à imagem visual do seu CV e só depois percebi que apesar do simpático layout desta rede, na partilha de perfil em PDF a imagem não é atractiva). Por outro lado, a criatividade nas áreas mais criativas (passo o pleonasmo) não tem limites, perdendo o conceito da relevância do conteúdo sobre a forma, num processo de análise de CV que não demora mais do que alguns segundos. Num mercado cada vez mais orientado para candidatos, onde não só os perfis altamente qualificados são difíceis de encontrar, mas também os de funções de suporte, podem as empresas fazer esta triagem à custa de inúmeros campos de preenchimento? Será o CV a melhor ferramenta de candidatura, a que realmente demonstra o potencial do candidato? Conseguirão as empresas e em especial as de recursos humanos ser mais humanas na forma de gerir as candidaturas, sendo mais transparentes na informação sobre a vaga e sobre o salário (contrapartida higiénica) e os EVP que podem ser decisivos para o interesse dos talentos? Não deverão os recrutadores olhar para o candidato enquanto pessoa e verificar a adequação de todos para os vários perfis em aberto? Deixarem de trabalhar por processo para se focarem nos talentos? Acredito que sim, que esta mudança tem de partir das empresas mais do que dos candidatos. Em paralelo com o processo de submissão da candidatura, esta é também uma fase de comunicação muito importante, onde o respeito tem de estar presente através do feedback e da transparência. Algo que nenhum país do mundo está ainda a fazer e onde temos de continuar a evoluir. Responder a todos os candidatos e não apenas aos que vão a entrevista. Responder a todos porque amanhã serão válidos para outras funções ou serão mesmo clientes. Gerir a sua experiência é fundamental e tão essencial como se fossem colaboradores internos. Manter as pessoas informadas, ouvir o seu feedback e melhorar esta fase do ciclo de vida. Esta melhoria é um desafio que deve ter ajuda do marketing. Num processo de recrutamento sabemos que apenas 1% dos "clientes" atingem o seu objectivo e por isso temos de compreender quais as melhores estratégias para reduzir a dor. Não nos focarmos em exceder expectativas, mas sim em como diminuir a dor e melhorar a experiência das pessoas que quando se candidatam não são escolhidas para entrevista. Esta é uma responsabilidade social de todas as organizações e em especial de empresas de recrutamento que vêem nos candidatos não apenas o talento, mas a sua matéria-prima.

Este deve ser o momento por excelência em que as pessoas reconhecem o papel destas empresas e em parceria seguem a jornada até chegarem à colocação. Um desafio que impacta no employer branding das empresas de recrutamento e selecção e na componente emocional negativa que está ligada a um processo de procura de emprego. Um desafio que é de todos, mas que acredito que tem de começar pelo exemplo das empresas de recursos humanos. O Google vai provavelmente ajudar. O Google for Jobs que arrancou no final de 2017 nos Estados Unidos está prometido a nível global em 2018. A possibilidade de pesquisar emprego directamente neste motor de busca. Uma novidade que vem exigir de quem publica as ofertas mais informação, maior transparência para que as suas ofertas ocupem lugares de destaque. Informação como requisitos académicos, salário, nome e localização da empresa e ranking no Glassdoor são algumas das informações valorizadas pela Google e exibidas nos resultados mostrados ao candidato. Esperemos que esta inovação resulte na transparência e na valorização dos candidatos e não apenas na centralização e na criação de mais um monopólio da Google onde os investimentos publicitários são os decisores da relevância dos conteúdos.

3. Fase de onboarding (entrada na organização) – integrar de forma bem sucedida novos colaboradores é fundamental. Não há uma forma única de o fazer, mas há maneiras de saber se esta está a ser eficaz ou não, acima de tudo ouvindo e recolhendo o feedback dos colaboradores. Nesta fase é necessário garantir a simplicidade desta partilha, recordando que há sempre a timidez inicial da relação laboral, mas que esta não deve ser impeditiva de escutar. É através desta informação precisa que se consegue melhorar a jornada do colaborador e ao mesmo tempo são estas novas perspectivas, de quem vem de fora, que vão ajudar a ver outras perspectivas

e muitas vezes resolvem alguns temas menores. A capacidade de abstracção perde-se com o tempo e por isso este é um momento muito importante da jornada do colaborador. O onboarding é também uma fase muito importante para o próprio colaborador. A relação que vai estabelecer com a organização vai ter impacto direto na sua produtividade e satisfação, contribuindo desde o primeiro dia para a retenção (reforçando que não há uma segunda oportunidade para uma primeira boa impressão). Por isso, a estratégia não deve ser aumentar o tempo do induction e oferecer muitos brindes aquando da entrada do colaborador. Mas também pode ser essa a estratégia, depende do que se pretende com estas acções, ou com qualquer acção de onboarding. Um brinde partilhável em redes sociais e que relaciona o novo colaborador com o seu mentor dentro da empresa pode ser uma estratégia eficaz e que até leve a esse momento. Um kit que se vai levantar a uma sala dos recursos humanos como se se tratasse de uma farda, tem menor impacto emocional e poderá até nem ter direito a uma foto no Instagram. O importante é ter a estratégia e medir, compreender se estamos a ter os resultados pretendidos para este momento crítico de entrada do colaborador. É preciso contrabalançar o momento do induction do colaborador com a comunicação e estratégias de feedback. Como nas relações humanas deve existir um processo de conhecimento entre as partes, um criar de relação, de mente aberta, partilhando a génese da organização, a sua visão, missão e valores mas também ouvindo.

4. Fase de retenção – de acordo com um artigo da revista USA Today[1] cerca de meio milhão de trabalhadores americanos deixaram os seus trabalhos no último trimestre de 2016, um aumento de 365 mil face ao mesmo período há dois anos atrás. Em Portugal o índice de mobilidade[2] teve um crescimento exponencial em

2016, tendo acalmado em 2017, muito embora continue a crescer. O ciclo de mobilidade até pela própria lei laboral é mais longo em Portugal do que noutros países, mas é importante considerar que 57% dos portugueses estaria disposto a emigrar caso não encontrem o trabalho que procuram no nosso país, um valor superior à média e que revela a que existe abertura para aproveitar este mercado global e que a requalificação muitas das vezes não é a primeira opção dos profissionais. Ganhar a guerra do talento não é necessariamente contratar mais pessoas e muito menos é só ser mais atractivo. Ganhar a guerra do talento é aplicar a velha máxima da economia que nos diz que é mais rentável reter clientes do que angariar novos. E esta rentabilidade não é apenas financeira, é também cultural, porque o talento interno conhece a realidade da organização podendo mais rapidamente responder às necessidades e contribuir para processos de transformação. Os colaboradores de hoje são a identidade da empresa, são os que fazem acontecer, os que impactam os clientes e os que mais contribuem para o employer branding da organização. Nesta fase é fundamental ter um diálogo aberto com os colaboradores, só um questionário anual não é suficiente e hoje existe um elevado número de soluções que permitem interagir em real time, garantindo um feedback always on para responder aos desafios do ciclo de vida dos candidatos. Modelos de gamification, de redes sociais internas e ferramentas de HR analytics são formas poderosas de captar dados da generalidade mas também de chegar à individualidade e de forma preventiva alertar para a falta de engagement de colaboradores, identificando quais os talentos críticos para a organização.

5. Fase de desenvolvimento – depois de estarem na empresa, os colaboradores precisam de novos desafios para continuar o seu processo de aprendizagem e desenvolvimento. Este é um elemento

de motivação que pode contribuir não apenas para aumentar a produtividade mas também o engagement, uma relação win-win para a empresa e para o colaborador. Assim como já não se deve ter apenas um estudo de satisfação anual, também no plano do desenvolvimento é fundamental recolher mais feedback e relacionar o mesmo com momentos especiais como seja uma promoção ou após uma formação, demonstrando que a organização está a contribuir para o desenvolvimento individual do colaborador. Esta não deve ser uma obrigação legal, muito embora ela exista, mas sim um momento de recolha de conhecimento do colaborador e de o potenciar, porque só assim é que as empresas são verdadeiramente constituídas por talentos.

6. Fase de saída – muitas empresas ignoram o momento de saída dos colaboradores, mas esta é uma fase vital do ciclo de vida e dá uma oportunidade única e honesta de feedback. É fundamental que as entrevistas de saída sejam feitas de forma profissional, analisando todos os conteúdos e informações partilhadas. Estes insights podem ajudar a melhorar a retenção dos colaboradores e o employer brand. Mostrar que a empresa ainda está a ouvir nesta fase prova que está comprometida com o engagement do colaborador em todo o ciclo de vida. Ao mesmo tempo mantém o canal de comunicação que deve começar na fase 1, demonstrando o respeito pelas pessoas e pela sua opinião e experiência. É também nesta fase que muitas empresas optam por oferecer aos seus talentos soluções de outplacement, quando a saída é motivada pela própria organização. Esta ferramenta tem vindo a ter uma utilização crescente, demonstrando a sua utilidade em várias dimensões. A empresa despede o seu colaborador e na saída incluí no acordo de rescisão um programa de outplacement, que inclui sessões de grupo e individuais, acções de coaching para encontrar um novo

trabalho. Parece estranho, mas esta é uma medida que trabalha várias dimensões e com grande impacto para o employer branding da organização. Para a pessoa que é dispensada é um instrumento de suporte e aceleração na reintegração no mercado de trabalho. Ao mesmo tempo procura reduzir a dor num momento de stress (será sempre um mau momento, mas como vimos na fase 1, esse não pode ser o argumento para não o tentar diminuir). Para os colaboradores da organização os programas de outplacement também têm impacto, porque sempre que alguém é dispensado gera--se um clima de desconforto. Um pouco como acontece quando sabemos que morreu alguém, uma notícia que nos faz lembrar da nossa própria mortalidade. Nas organizações também, existe sempre um impacto nos colaboradores quando alguém é despedido e o facto de esta pessoa ter um programa pago pela empresa para que mais rapidamente possa estar a trabalhar melhora a empatia e reduz o efeito de lembrança do despedimento. O efeito de "T0" também pode ser interessante porque apesar de ter existido uma ruptura, ao mesmo tempo também houve preocupação e respeito pelo profissional que está de saída.

7. Fase alumni – a saída pode fechar o loop da experiência do colaborador, mas outras oportunidades de feedback mantêm--se. O mundo das empresas é fluído e interconectado, muitas das vezes parece um "T0" em que nos cruzamos constantemente com as mesmas caras e há destinos que parecem traçados. Por isso a saída não quer dizer necessariamente o fim do engagement. Inspirado no que as universidades nos ensinam que continuam ligados aos seus ex-alunos, os alumni, também as empresas têm de ter esta maturidade de continuarem a comunicar com os seus ex-colaboradores. Amanhã podem ser eles a recomendar ou a ser chamados a opinar do que é trabalhar para a nossa organização

e por isso não há motivo para apagar as pessoas da base de dados (excepto se assim for solicitado). Há muitas ferramentas on-line que hoje permitem um diálogo contínuo, de comunidade com ex--colaboradores e ao mesmo tempo eles continuam a ser fontes de feedback importantes.

As empresas têm de se assegurar que estão focadas no ciclo de vida dos funcionários, fazendo o seu mapeamento e compreendendo a sua jornada. Os colaboradores fornecem diferentes tipos de feedback dependendo da fase em que se encontram, por isso é fundamental ouvir e relacionar com esse momento, porque é dessa recolha que vai ser possível definir a experiência, uma experiência que é no fundo a personalização do employer brand. Não é de estranhar que a Harvard Business Review e consultoras de referência destaquem a experiência do trabalhador como um elemento fundamental no sucesso das organizações. O estudo de 2017, Deloitte Human Capital Trends, diz mesmo que "uma experiência de colaborador forte leva a uma experiência de cliente forte". Considerando a importância das pessoas nas empresas é através deste mapeamento da jornada do trabalhador que as organizações vão conseguir atrair e reter o talento que necessitam para competir no mercado actual, mas também oferecer uma experiência de cliente mais sustentável.

Esta abordagem ao ciclo de vida do trabalhador demonstra que o employer branding se aplica a todo o ciclo de vida do trabalhador e que muito embora a relevância que as empresas parecem dar esteja mais na fase inicial, a estratégia deve contemplar os restantes momentos. Reforço a lição básica de gestão que nos ensina que o investimento em reter clientes é menor do que o necessário para a angariação. O motivo está na relação, no conhecimento e na experiência. No caso do trabalhador não é diferente e existe claramente uma vantagem em termos dos insights que a empresa tem sobre cada uma das suas pessoas. Por isso numa estratégia de employer branding devem ser considerados todos os momentos e garantindo uma experiência seamless, ou seja, uniforme e contínua, independentemente do canal ou do estádio em que o colaborador se encontra.

5. LEALDADE NA RELAÇÃO E CASAMENTO ENTRE AS ÁREAS

- Dimensões do employer branding
- Conceito de employer brand loyalty
- Modelo de governance do employer branding

Reconhecendo a importância do employer branding é necessário compreender as suas dimensões, para que na organização se possa definir a responsabilidade por esta área. Seria demasiado fácil considerar que este é essencialmente um tema de recursos humanos (RH) e como tal deve ser gerido por esta área. Compreendendo as dimensões que envolve, compreende-se também que pode não ser um tema (exclusivamente) de RH.

Mas comecemos pelas dimensões. Podemos dividir em três grupos: associações, identidade e cultura. A primeira está relacionada com a imagem do empregador e a sua capacidade de atração. Cruza o elemento do reconhecimento (awareness) de marca com a atractividade e trabalha no campo da percepção. O segundo e o terceiro são elementos internos, ou seja, ambos estão relacionados com o coração da empresa, contribuindo para o employer brand loyalty e com implicações para a produtividade dos colaboradores.

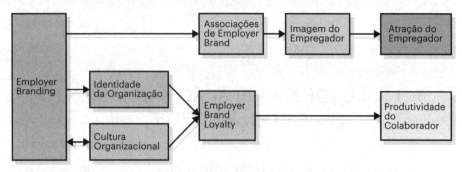

GRÁFICO 3 – Dimensões do employer branding.

Mas o que é a lealdade? Como é que esta se aplica à relação profissional? Começando pela brand loyalty na acepção do marketing. Recorro aqui a algumas referências. Aaker afirma que vender a um consumidor leal pode ser muito mais económico do que adquirir um novo. Kabiraj e Shanmugan([1]) afirmam que um elevado brand loyalty leva à extensão da própria marca, a elevadas quotas de mercado, maior retorno do investimento e finalmente ao crescimento do valor da marca (neste caso a refere-se ao brand equity, ou seja à percepção de valor da marca). O impacto da lealdade no lucro, na redução de custos de marketing e de operações para chegar aos consumidores também é destacado por Reichheld. Enquanto Dick e Basu([2]) consideram que o impacto da lealdade está no passa palavra e no facto dos consumidores estarem mais protegidos dos ataques da concorrência.

Mas esta ideia de lealdade, dos clientes favorecerem de forma consistente uma marca em detrimento das outras, independentemente das oportunidades de compras a que estão expostos, será mesmo uma realidade? Há várias décadas a resposta era certamente "sim", os clientes colocavam toda a sua fé (e dinheiro) numa empresa/marca, como acontecia por exemplo com os fabricantes de carros ou a opção de ir sempre à mesma mercearia fazer as compras. Hoje parece impossível imaginar esta fidelização cega até porque cerca de 90% das marcas mais comuns nas casas americanas ([3]) estão a perder quota de mercado em algumas categorias, o que parece fazer todo o sentido se considerarmos que a Internet veio facilitar o acesso a novos produtos e serviços, garantindo acesso, diversidade e custos competitivos. Ao mesmo tempo não é apenas na área do consumo que a lealdade começou a ser posta em causa. O emprego para a vida e a relação entre empresas e trabalhadores também mudou. Não são apenas as organizações que despedem, são também os trabalhadores que querem sair e ter novas experiências. A religião, o casamento e as próprias relações parecem ter desvalorizado o conceito de lealdade, ou melhor dizendo, o conceito de "para sempre".

Apesar desta tendência, uma pesquisa de 2016 feita pelo Facebook sugere o oposto. É verdade que se trata de uma pesquisa feita nos Estados Unidos e que nem sempre os resultados do outro lado do Atlântico são idênticos aos do velho continente, mas estes espelham novas tendências e estão directamente associados às caracteriza-ções geracionais dos millenial's. Nesta pesquisa foram questionados 14 700 adultos garantindo a diversidade dos padrões de comporta-mento e destes 77% revelou a tendência de voltar a consumir as suas marcas favoritas. Mas este grupo podia dividir-se em duas catego-rias: os fiéis à marca que representam 37% e que repetem a compra e que não mudam mesmo que expostos a uma oportunidade como o preço ou até a conveniência da entrega, e os de compra repetida que representam os restantes 40% que são as pessoas que compram as mesmas marcas frequentemente mas apenas porque têm uma boa experiência. Se expostos a preços mais baixos ou facilidade de acesso o mais provável será trocarem de marcas. Quer isto dizer que a lealdade da marca não está morta, mas mudou com o tempo. Existe uma percentagem que é guiada pela componente emocional, mas a restante é estritamente funcional, o que coloca maior pressão às empresas para que sejam competitivas, para que continuem a ser as escolhidas e para continuarem constantemente a reinventar-se. Mas desenganem-se as "love brands" de achar que têm o monopólio de algum consumidor, porque muito embora os laços emocionais sejam os mais difíceis de quebrar, estes também têm de ser alimentados e garantir a experiência, de os deliciar. É muito curioso de verificar que neste estudo e nesta percentagem de pessoas leais, são os millenial's que se destacam face às outras gerações e isso deve-se também à capacidade de interacção 24/7 ([4]) destas marcas, que mais cedo ocuparam os canais e souberam comunicar com este segmento.

Por isso neste conceito de brand loyalty ou seja de fidelidade a uma marca as recomendações são de compreender as pessoas e não esquecer as relações. O engagement e a personalidade são fundamentais para o sucesso de uma marca, e têm de se reflectir na experiência em todos os canais. Ter conversas reais com os clientes para conseguir o melhor possível endereçar as suas necessidades individuais. Os programas de retenção das marcas não são novos mas também não deixaram de estar na moda. São uma forma efectiva de repetir a compra e face à multiplicidade existente são agora mais exigentes para que ganhem escala e importância. Não devem ser baseados exclusivamente no preço, mas têm de ter impacto no mesmo, no conceito de promoção e acima de tudo dar a sensação de recompensa, de agradecimento e de exclusividade. Não deve ser um momento único mas deve ser inserido neste diálogo, na jornada do cliente, como parte de uma conversa contínua. A coerência e a confiança contribuem também para a lealdade. A qualidade dos produtos e dos serviços, assim como a voz e a imagem da marca continuam a ser elementos fundamentais para atingir a lealdade. Por fim, as comunidades, aquilo que em inglês se chama de "brand association" ou seja a imagem da marca, como esta é associada e com quê. Estes elementos no consumo são feitos atrás dos fóruns, das redes sociais, dos eventos. Esta brand association tem impacto não apenas no consumo, mas também no employer branding, muito embora as dimensões que são percepcionadas sejam diferentes e estas associations aplicam-se numa fase de percepção/ /candidatura, quando ainda não há a experiência de colaborador.

Reconhecido o estado da lealdade nas marcas, falta saber de que forma se aplica à relação laboral. O gráfico 3 indica que a identidade da organização contribui para esta lealdade e que a cultura também, embora neste caso não seja uma relação unidireccional. O employer brand loyalty descreve a escolha de um trabalhador por um contrato com uma empresa num período de tempo por razões que vão além do salário. Nesta relação as percepções têm um papel fundamental na decisão, à semelhança do que também acontece no consumo, se pensarmos na componente inspiracional que muitas vezes está associado ao mesmo. Existem benefícios intangíveis que estão na base da lealdade a uma marca, alguns deles também se estendem à relação laboral, muito ligados ao prestígio da marca, a moda e ao sentido de pertença. A grande diferença entre o consumo e a relação laboral tem a ver com a base da relação. Enquanto no primeiro depende de como a marca trata o seu cliente e da experiência, no mundo do trabalho os colaboradores são em si a marca da empresa para trabalhar, ou seja, o employer brand. Por isso a sua lealdade é baseada numa relação bilateral, de como se tratam um ao outro. Isto quer dizer que além do feedback que as marcas também pedem aos consumidores sobre os seus produtos e serviços, as empresas têm de garantir que em toda a jornada, em todos os pontos de contacto recolhem esse mesmo feedback sobre a sua experiência e que este tem consequências e proporciona a melhoria contínua. É com esta visão que o employer brand loyalty está relacionado com a produtividade do colaborador, uma parte fundamental desta troca.

As empresas de recursos humanos são um caso interessante neste modelo, uma vez que atuam em dois funis comerciais, o primeiro é B2B, onde o contacto é feito com empresas (clientes), utilizando técnicas de abordagem diferenciada mas focadas na relação, na venda direta e na proposta de valor. O segundo é o funil dos candidatos, onde a exigência de venda é selectiva, começando numa perspectiva de awareness da vaga, ou seja, dar conhecimento da existência da oportunidade de emprego recorrendo a palavras chave para as "personas" identificadas como target. Aos candidatos são aplicadas técnicas de seleção, mais ou menos automatizadas. Este é um período de conhecimento entre as partes, onde não existe um domínio de nenhuma delas. Esta fase é onde candidatos e empresa de RH avaliam o potencial de valor de cada um, onde definem estratégias para atingir os seus objectivos. A fase da proposta é o momento da negociação, de venda, que se une ao funil do cliente, ou seja da entidade empregadora, para que esta valide esse mesmo perfil e concretize o "casamento". Este desafio de "match", de colocação é enorme porque se baseia em factos mas também percepções e o consultor tem um papel fundamental na decisão. Tem antes do mais de conhecer em profundidade a necessidade do cliente e as especificidades da função, ser transparente nas duas relações mantendo o equilíbrio entre as partes, mesmo sabendo que naturalmente não estarão de acordo em tudo e concretizar a união. Este momento da jornada é crítico e cada vez mais os consultores de recrutamento têm de ter um conhecimento do employer brand dos seus clientes (assim como os recursos humanos de uma empresa têm de conhecer o seu próprio employer brand) para garantir não apenas a atração mas a retenção do talento, o employer brand loyalty.

A complexidade destas dimensões e a forma como se relacionam com a empresa exige um claro modelo de governance. Nas empresas quem deve gerir estas dimensões? A estratégia de employer branding de uma organização deve ser transversal à mesma e estar na agenda do CEO, mas a quem pertence essa tarefa? Dividida por áreas ou apenas um champion para evangelizar a empresa? Nas dimensões analisadas existem claramente duas esferas, a externa e a interna, poderá ser esse o critério de diferenciação ou corre-se o risco de ter uma empresa bipolar na forma como fala para terceiros e como se comporta dentro de portas? Ou em alternativa, poderá o foco estar nos momentos da jornada do colaborador e enquanto este é candidato é trabalhado na vertente de marketing para depois passar para os RH? A resposta é simples: o modelo depende da empresa e da sua estratégia de employer branding, não há o conceito de "one size fits all", uma resposta única. Antes de tomar a decisão é preciso ter uma estratégia, conhecer as necessidades da empresa e os objectivos para conseguir colocar o employer branding no local correto. Para isso há questões que têm de ser colocadas:

Porque é que o employer branding é importante para a empresa?

O que se espera atingir gerindo de forma ativa o employer brand?

Quais os outcomes esperados e de que forma vão contribuir para o negócio?

O employer brand vai ter efeitos em todo o ciclo de vida do candidato e não apenas na fase do recrutamento e estamos prontos para o suportar?

A função que gere o employer brand vai ter responsabilidade na atração de talento e/ou na retenção, na comunicação aos colaboradores e/ou no engagement? que departamentos têm atualmente essas funções?

Há um alinhamento ou desejo de alinhamento entre a marca de consumo e o employer brand?

Qual será o papel do marketing de consumo?

Quem vai ter o budget para suportar as pessoas, providenciar a formação e obter toda a tecnologia necessária para o sucesso?

A lista parece muito específica e demasiado extensa, mas é a única forma de garantir a gestão diária do employer branding e por isso deve ser respondida de forma objectiva. Em muitas empresas os recursos humanos conhecem melhor os colaboradores e o propósito principal que esteve na base da sua atração e recrutamento. Se esse for um ponto fundamental da estratégia então claramente esta é a área que o deve gerir. Mas se a pessoa que vai gerir o employer branding tiver como objectivo desenvolver e executar campanhas de comunicação e de engagement, então a comunicação interna deve assumir esta responsabilidade. Mas se o propósito é criar um alinhamento entre a marca de consumo e o employer brand, o marketing é a área que melhor conhece essa realidade.

Um alinhamento holístico da estratégia de employer branding impacta na atração e retenção de talento, mas a decisão exige auto-conhecimento por parte das empresas. É fundamental que o gestor de employer brand e a sua equipa possam navegar na matriz da organização, criando redes de confiança internas entre as geografias e os departamentos e demonstrando valor ao C-level da empresa para a estratégia, aos recursos humanos ajudando-os a melhorar a experiência do candidato, o sistema de registo, os objectivos de recrutamento, o EVP, etc. O gestor de employer brand deve estar alinhado com o marketing suportando a estratégia de redes sociais e alinhando com a marca corporativa, assim como a comunicação através do engagement dos colaboradores, amplificando recompensas e programas de reconhecimento e suportando as iniciativas de mudança de gestão. Da mesma forma que tem de impactar a área das tecnologias de informação (TI) sendo parceiro no desenvolvimento de um site de carreiras, focado na experiência e implementando novas tecnologias de RH e de recrutamento e da área jurídica reconhecendo marcas registadas e a política do colaborador.

Este mapeamento necessário de relações inter-departamentais pode levar à criação de uma equipa ou então de olhar para dentro. De acordo com um estudo feito pelo portal Universum a 2000 executivos seniores a resposta depende de quem a dá mais do que existir uma visão comum: 60% dos CEO's consideram que eles deveriam ter essa responsabilidade, os profissionais de marketing dividiam-se entre os RH (38,8%) e o CEO (40%) e mais de metade dos RH e dos gestores de talento assumiam as actividades de employer branding como papel seu. Deve ser por isso que no mesmo relatório 70% dos inquiridos espera que exista uma colaboração mais efectiva entre departamentos nos próximos 5 anos. Mantenho por isso a não resposta mas reforçando a importância da estratégia de employer brand nas organizações. De acordo com a consultora PWC 72% dos CEO's estão preocupados com a falta de competências e 75% enfatiza que necessitam de uma força de trabalho, competente, com formação superior e adaptável. Por isso as empresas não devem perder tempo com guerras de poleiros internas, mas sim devem enquadrar o que pretendem com esta estratégia e assim encontrar o melhor modelo de governance para o seu employer branding.

6. AOS OLHOS DOS CANDIDATOS

- Awareness e atractividade igual a percepção
- Randstad employer brand research em Portugal
- Resultados globais do Randstad employer brand research

O conceito de melhor empresa para trabalhar não é novo e existem diferentes organizações independentes a conduzir estudos para identificar quais as que se destacam a nível global e nos diversos sectores. A metodologia que utilizam é sempre a de questionar os trabalhadores da organização. Mas o employer branding trouxe para cima da mesa uma nova abordagem, também ela fundamental para a estratégia de captação de talento. Qual a imagem que as pessoas têm das organizações enquanto empresas para trabalhar?

Um relatório do Glassdoor indica que 69% dos candidatos não enviam a sua candidatura para uma empresa que tenha má reputação, mesmo que estejam numa situação de desemprego. Esta estatística demonstra claramente que a relação entre as empresas e as pessoas está noutro nível e por isso é fundamental que se conheçam as percepções da população ativa identificando tendências e desvios consoante os perfis e as geografias.

O Randstad employer brand research é o maior estudo independente de employer branding, com mais de 16 anos de existência e que recolhe a percepção da população ativa sobre os 150 maiores empregadores de cada país (a edição de 2017 já contemplava 33 países). Este estudo baseia-se em dois conceitos fundamentais: awareness ou seja conhecimento de marca e atractividade. Para tal é realizado um questionário on-line que se divide em dois grandes blocos: o primeiro relacionado com os factores de atractividade aquando da escolha de uma empresa para trabalhar, o segundo que começa pela identificação das marcas que o inquirido conhece, questionando em seguida em qual gostaria de trabalhar e como percepciona as empresas que conhece em critérios exclusivamente de recursos humanos.

Em Portugal este estudo tem apenas 2 anos de existência e os insights que daqui resultam são interessantes não apenas para as organizações visadas mas também para compreender melhor o perfil do trabalhador português. Por exemplo no que se relaciona aos atributos mais valorizados na escolha de uma empresa para trabalhar. 62% afirma que o salário e benefícios é o principal critério, uma opinião partilhada a nível global, mas com um valor ligeiramente inferior (58%). Mas será salário e os benefícios verdadeiramente um EVP? Um fator de distinção das organizações? A resposta divide-se em dois pontos principais. Já tinha afirmado que o salário era um atributo da relação laboral tido sempre em consideração na decisão de um trabalhador, mas o facto de ser intrínseco fazia com que fosse um fator higiénico. Influencia a escolha e tem sempre um papel mas não pode ser o fator diferenciador, até porque é rapidamente ultrapassável pela concorrência. Esta é uma discussão que também existe no consumo no que se relaciona ao preço e é claro que nenhum produto se pode afirmar no mercado somente pelo preço, caso contrário será rapidamente replicado e superado. Quanto aos benefícios e este é o segundo ponto da resposta, já não é assim tão claro que eles devam estar aqui. Na verdade eles não são obrigatórios e tendencialmente é através destes benefícios que a empresa consegue contribuir para os restantes EVP. Na minha opinião este relatório deveria separar estas dimensões, mas não o fazendo, a leitura de salários e benefícios neste estudo deve ser feita de forma estrita em que benefícios são complementos do salário na perspectiva monetária, como sejam

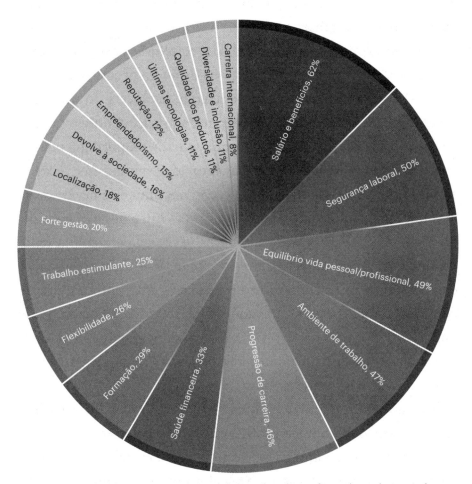

GRÁFICO 4 – Country report Portugal, Randstad employer brand research 2017, slide 4, how does the ideal employer look like in Portugal? (como é que o empregado ideal deveria ser em Portugal?)

prémios de produtividade, subsídios de representação, de alimentação e não benefícios relacionados com outros EVPs, como seja, um suplemento para a formação, cheques infância e outros que no fundo concretizam as propostas de valor da organização. Só assim concordo que este atributo seja colocado de lado na discussão dos EVP's mais valorizados pelos portugueses.

Assim, se eliminarmos o fator higiénico compreendemos qual o atributo mais valorizado pelos portugueses na escolha de uma empresa para trabalhar.

A segurança profissional (50%), o equilíbrio pessoal e profissional (49%), o ambiente de trabalho (47%) e a progressão de carreira (46%) são os mais relevantes e com distâncias de um ponto percentual. A partir daqui as diferenças já são maiores. Os critérios considerados menos importantes para os portugueses são a carreira internacional (8%), um fator que muitas das vezes as empresas destacam na sua comunicação nos anúncios de emprego, mas que surge aqui como pouco atractivo. Outro ponto a considerar é que muito embora os candidatos se preocupem com a reputação da empresa, na verdade essa reputação é apenas enquanto empregador, não existe uma preocupação clara com a reputação para o mercado (apenas 12% considera este atributo como muito importante na sua decisão). Os resultados demonstram-nos ainda que a qualidade dos produtos também não é um dos atributos mais considerado, tendo apenas 11%.

Em termos globais os atributos considerados mais interessantes são os mesmos (segurança profissional com 46%, o equilíbrio pessoal e profissional com 45% e o ambiente de trabalho com 43%). Quanto aos menos relevantes, 55% dos inquiridos concorda que é a carreira internacional e colocam também nessa lista a reputação e a qualidade dos produtos embora considerem mais importante do que os portugueses. Na análise global destaca-se também pela negativa a forma de trabalhar num modelo de empreendedorismo e a utilização de tecnologias mais recentes, algo que as organizações muitas vezes consideram como a estratégia ideal para atrair millenial's mas que precisa de ser vista na generalidade, porque as empresas são multigeracionais (ou pelo menos deviam ser e que isso as enriquece na sua estratégia de mercado).

Globalmente os salários são o fator mais importante para todos os trabalhadores e esta é uma verdade em todas as regiões. Enquanto a turbulência económica persiste, a segurança na forma de um bom salário continua a ser a prioridade. O equilíbrio vida profissional e pessoal é muito importante na América do Norte e nos países Ásia Pacífico (APAC) [1] e tem aumentado a sua importância em ambas as regiões, deixando o quarto lugar para agora estar em 2°. A segurança a longo prazo ou seja a estabilidade profissional também ocupa o top três em todos os mercados com excepção da América Latina (LATAM) [2] onde a progressão de carreira tem maior influência. O reforço das economias depois da crise também já se sente em termos percentuais, muito embora os destaques continuem para factores ainda ligados a esse período.

A conjuntura tem um impacto muito grande na valorização dos EVPs. Por exemplo no caso do equilíbrio pessoal e profissional o seu ranking é superior na APAC, Europa e América do Norte. Em Itália e na Austrália está mesmo em número 1 enquanto nos EUA, Canadá, Espanha, Reino Unido, Nova Zelândia, Singapura, Hong Kong e Malásia está em segundo lugar e na Alemanha, Rússia e Brasil está em 6°. A progressão de carreira destaca-se nos países LATAM, tanto os brasileiros como os argentinos colocam este EVP em segundo lugar de importância, enquanto nos EUA e no Japão está em 10°. Quanto à saúde financeira das organizações, a sua

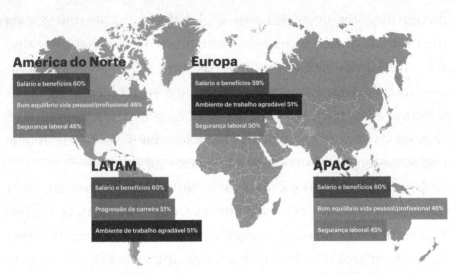

GRÁFICO 5 – Global report, Randstad employer brand research 2017, slide 12, destaque para as diferenças entre o segundo e o terceiro fator de atratividade.

importância está a meio da tabela, apenas adquirindo importância na Rússia onde chegou a ser o factor número um no passado. Esta análise tem de ser considerada por organizações que pretendam atrair talentos para os seus serviços partilhados. O número de vagas com pedidos de fluência noutras línguas tem aumentado em Portugal e por isso nas campanhas de employer branding é preciso começar a fazer esse target internacional, que deve valorizar não apenas estes atributos mas também as características em que Portugal pode ser diferenciador, como seja o clima, a estabilidade e a segurança.

Se olharmos para o perfil dos trabalhadores também existem especificidades consoante a região, não no que se relaciona com a importância do salário e benefícios, porque é na generalidade o primeiro atributo, mas na relevância dos restantes atributos e que assimetrias podem existir quando nos focamos em grupos etários.

A oportunidade de progressão de carreira é o mais importante para a faixa entre os 18-44 do que para os 45-65 anos, enquanto a segurança profissional é mais relevante para este grupo mais velho. Os trabalhadores mais antigos em muitos casos já atingiram o pico da sua carreira e por isso a sua maior preocupação é a estabilidade até à idade da reforma. O bom ambiente de trabalho é importante para todos, mas especialmente para os millenial's que o consideram como o segundo factor mais importante, comparado com o quarto lugar nas preferências dos 25-44 e o terceiro dos 45-65 anos. Este facto não é de estranhar olhando para a caraterização desta geração. Os millenial's dão grande importância à cultura das organizações e procuram ambientes positivos nos quais possam colaborar e progredir. Este é um desafio que as empresas devem considerar sempre que decidirem pela desmaterialização dos locais de trabalho.

No segmento dos 25-44 anos a segurança profissional passou de segundo atributo em 2016 para terceiro em 2017 e o equilíbrio pessoal e profissional passou de quarto para segundo lugar. O que aconteceu foi semelhante ao grupo dos 18-24 anos, onde o atributo da estabilidade profissional foi de terceiro para quarto lugar e o equilíbrio entre a vida pessoal e profissional foi de quinto para terceiro lugar. Alterações em ambos os grupos que confirmam o crescimento da importância do equilíbrio da vida pessoal e profissional e que os trabalhadores têm a expectativa que o seu empregador reconheça este seu desejo fora da empresa e que crie condições para que isso também seja possível. Em paralelo, as novas tecnologias trouxeram esse debate para cima da mesa ao permitir que o acesso ao trabalho possa ser constante, por isso a necessidade de maior equilíbrio é cada vez mais transversal. França é já um exemplo na legislação restritiva quanto ao envio de e-mails fora do horário de expediente e é de prever que outros sigam o mesmo exemplo para criar limites (outra questão aqui é a exigência do always on dos negócios das empresas, dos consumidores, algo que a China faz de forma eximia chegando a criticar o atraso na resposta dos americanos, quanto mais a "velocidade" da Europa).

Quanto ao género, globalmente as mulheres colocam maior importância na flexibilidade laboral – quinto lugar – do que os homens, que a consideram apenas em nono. Apesar disso nos países LATAM os homens colocam a flexibilidade de forma mais elevada do que as mulheres. De facto, um estudo da Bain & Company [3] e da Chief Executive Women revelou que as mulheres com acordos de trabalho flexível têm maiores possibilidades de virem a ser bem sucedidas e chegar a uma promoção. Este não é o caso nos homens que se sentem desencorajados e julgados caso optem por modelos flexíveis. Há aqui ainda uma herança cultural do papel social do homem e da mulher que não deve ser esquecida pelas organizações. O debate das quotas parece estar longe do fim.

A saúde financeira é uma prioridade maior para os homens da Europa e dos países APAC do que para as mulheres. Isto está relacionado também com a segurança profissional para os homens destas regiões. A segurança profissional é importante para as mulheres, mas o equilíbrio entre a vida pessoal e profissional e o ambiente de trabalho são ainda mais. A importância do equilíbrio não é novidade, uma vez que muitas das vezes as mulheres assumem o papel predominante na família. Um relatório da Health and Safety Executive (HSE) de 2016 indica que a mulher está 1,4 vezes mais sujeita ao stress profissional, depressão e ansiedade do que o homem, como resultado da pressão pelas responsabilidades familiares, assim como a descriminação sexual que possa existir no local de trabalho. Talvez por isso mesmo, o enfase no bom ambiente de trabalho pelas mulheres que são muitas vezes alvo de descriminação e desigualdade. E várias estatísticas comprovam que ainda há um longo caminho a percorrer. Mais de metade das mulheres que trabalham no Reino Unido já foram alvo de assédio sexual no trabalho de acordo com um estudo [4] de 2016. É fundamental que as empresas não ignorem a igualdade de género. Não defendo um sistema de quotas, acho que mais importante do que essa paridade numérica é a garantia da igualdade de oportunidades e de que apesar das diferenças, as mulheres conseguem fazer tudo o que os homens fazem (no final de 2017 o Governo português anunciou que ia fazer uma recomendação para a paridade de salários entre homens e mulheres. Mais uma medida legislativa que pode ser contornada. Não centro esta questão em recomendações mas sim em medidas concretas que não penalizem a maternidade e o apoio à família na progressão de carreira, sem chegar ao cumulo de promover uma recolha de óvulos como aconteceu na Google).

A diversidade no local de trabalho vai contribuir para uma vantagem competitiva. Cabe às empresas tomarem medidas internas para garantir que estão aptas a fazê-lo, pois ganharão maior conhecimento e competências com esta abertura.

Assim e resumindo as grandes assimetrias do resultado do estudo do Randstad employer brand research 2017 em 33 países, podemos concluir que o género não é o que tem maior impacto no que os colaboradores querem. A idade é um fator muito mais importante a ter em consideração na determinação das prioridades, pois enquanto os mais velhos estão focados na segurança, os mais novos procuram oportunidades de carreira. O equilíbrio entre a vida pessoal e profissional está em destaque em todas as faixas, mas tem especial relevo nas mulheres entre os 25-44 anos. Esta é a faixa etária da maternidade que traz novas exigências ao género feminino quando reintegra o trabalho após o nascimento de um filho. De acordo com o World Economic Forum Global Gender Gap Report as mulheres trabalham mais 50 minutos do que os homens, o que incluí as actividades ligadas à casa e às crianças, o que justifica a sua valorização da flexibilidade.

E quanto à lealdade, trabalhadores de todas as idades estão agora mais disponíveis para mudar de emprego. Esta é uma verdade especialmente nos millenial's que acreditam que a única forma de progredir na carreira é mudando de empresa. Esta abertura leva também à ansiedade e ao stress, por isso oportunidades de progressão de carreira dentro da mesma empresa são bem-vindas. Para os millenial's o foco está no equilíbrio entre a vida pessoal e profissional, o que se compreende recordando que para esta geração a satisfação pessoal é uma prioridade. Se considerarmos nesta análise a escolaridade dos inquiridos com idades entre os 18 e os 24, os que têm a escolaridade mais elevada consideram as oportunidades de progressão de carreira como o segundo atributo mais importante num futuro empregador, enquanto os de menor escolaridade consideram a estabilidade profissional como o mais importante. Esta diferença pode estar relacionada com a empregabilidade, com a expectativa de que quem tem mais qualificações terá maior facilidade de encontrar oportunidades de emprego. Este grupo de menor qualificações não deve ser visto como desinteressado em progredir, até porque valorizam as oportunidades de formação acima da média. Mas isto não é assim em todos os países, por exemplo para os jovens brasileiros a progressão de carreira é o atributo mais importante de todos (54%) enquanto apenas um quarto dos japoneses concordam com essa valorização. A formação para este grupo de jovens na Nova Zelândia e na Austrália é fundamental, mas menos importante na Hungria e na Suécia.

Esta análise de quais os atributos mais valorizados pelos trabalhadores pode ser um guia para as empresas definirem os seus EVP's, reconhecendo a importância para o seu target group. E este exercício é fundamental, porque com base neste estudo verificamos que existe um gap entre os atributos que os trabalhadores mais valorizam e a forma como classificam as empresas. Ou seja, a população ativa portuguesa classifica de forma mais elevada os 150 maiores empregadores nos critérios de saúde financeira, reputação e uso de tecnologia recente do que nos critérios considerados mais importantes para eles. E este gap é um alerta para as organizações para trabalharam melhor os atributos mais valorizados mesmo no campo das percepções, das associações de marca. Não se trata da proposta de valor da organização, mas sim de como a sua marca para trabalhar é percepcionada pela população ativa.

Este gap não é um exclusivo nacional, também nos resultados globais ele está presente demonstrando que o employer branding

Gráfico 6 – Country report Portugal, Randstad employer brand research 2017, slide 5, expectations vs. perception about employers (expetativas vs. percepções sobre os empregadores)

ainda não é parte integrante da estratégia de muitas organizações e que ao mesmo tempo existe um caminho para a sua implementação.

Os atributos mais valorizados pelos trabalhadores numa decisão de emprego não são estáticos e variam também ao longo do tempo, em especial com as alterações socio económicas. A economia tem enfrentado turbilhões, a crise de 2012 teve um grande impacto no mundo do trabalho e o receio da automação nos últimos anos parece estar na base da procura de estabilidade pelos trabalhadores, que têm-se deparado com demasiadas incertezas nos últimos tempos. O salário competitivo e a segurança profissional estão no topo da lista dos factores de atractividade, mas o número de pessoas que diz que estes factores são importantes, reduziu significativamente desde 2014 (cerca de 10%). Talvez seja mais uma necessidade do que propriamente factores de atractividade. Além destes critérios, os trabalhadores procuram um bom ambiente de trabalho onde possam progredir na sua carreira, mas também aqui mais uma vez existe uma descida desde 2014.

Os trabalhadores modernos dizem que têm vidas exigentes. O stress nos locais de trabalho pode aumentar com mais tecnologia e a expectativa de estarem disponíveis não apenas durante o horário de trabalho mas também fora dele. As empresas podem desenvolver iniciativas que encoragem a um melhor equilíbrio entre a vida pessoal e profissional, assim como serem mais flexíveis em relação a onde e como o trabalho é desenvolvido. Isto pode levar a medidas como o não envio de e-mails fora do horário de expediente ou mesmo a uma política de não utilização dos telemóveis nas férias. Essas são apenas algumas ideias do que a empresa pode decidir reconhecendo aquilo que é importante para os seus trabalhadores, mas que também é exequível face à natureza da sua organização.

Mas a atractividade das empresas ou melhor dizendo a percepção que a população ativa tem sobre as organizações a operar em Portugal está relacionado não apenas com a sua marca, mas também com os sectores de actividade. Em Portugal o sector da saúde (56%), a área de TI e consultoria (52%) e a área do turismo, hotelaria e lazer (51%) reúnem as preferências, sendo o retalho o sector com maior reconhecimento de marca mas com menor atractividade para trabalhar. Por isso, na estratégia de employer branding da empresa, ela deve perceber qual a percepção do seu sector de actividade, reconhecendo em que EVPs pode "apanhar boleia" ou identificar desde logo o esforço para se diferenciar. A forma como é feita esta análise tem por base a categorização das empresas analisadas. E é interessante verificar que no caso português o sector da saúde destaca-se em todos os EVP's analisados, exceto no da progressão de carreira onde o sector de TI e consultoria fica melhor classificado. Globalmente este é o sector mais atractivo, que só agora começou a perder alguma atractividade depois de vários anos a crescer. Vários sectores têm vindo a alterar a sua posição no ranking e é o sector tecnológico que tem estado mais ativo aumentando a sua atractividade beneficiando das novas empresas disruptivas que entram no mercado e que também procuram talentos. Benefícios como férias ilimitadas, refeições gratuitas, ginásios nas instalações da empresa ajudam a tornar estas empresas mais atractivas para futuros colaboradores. Empresas disruptivas como o Google que está comprometido em fazer do dia-a-dia de trabalho mais apelativo através de benefícios extra que possam atrair os melhores talentos. Também aqui os exemplos conseguem ser disruptivos mas muito focados na geração de talento que a empresa quer captar.

Em termos de subidas, o sector da construção sobe um lugar, de oitavo para sexto. As descidas são especialmente no sector de Fast

Moving Consumer Goods (FMCG ou seja, bens de consumo) que se debate para se manter atractivo, mas que sofre com o esmagamento das margens e a pressão para cortar custos, o que não favorece o seu employer branding além das exigências do atendimento ao público que se relaciona diretamente com o equilíbrio entre a vida pessoal e a vida profissional.

A região tem também impacto na imagem dos sectores, como vimos por exemplo no caso português, pois embora se possa encontrar um padrão há regiões com tradição sectorial e essa tem interferência direta na percepção do mesmo. Esse é o caso do sector automóvel na Europa associado à utilização de tecnologia recente, saúde financeira, boa reputação e estabilidade profissional. As mesmas características destacam o sector industrial nos países da APAC e o sector tecnológico na América do Norte.

Em relação às empresas consideradas mais atractivas para trabalhar, os resultados em Portugal demonstram que não basta ser conhecido, é preciso ter uma proposta de valor para o trabalhador. As empresas do top 10 da atractividade não estão no top 10 do awareness. A empresa com maior notoriedade de marca (98,22%) está no lugar 123 no ranking da atractividade, com 26,96% e a empresa com maior atractividade para trabalhar está em 30º lugar no awareness.

O Randstad employer brand research é um guia para a estratégia de employer branding das empresas, que se baseia na percepção da população ativa. Uma análise que combina o reconhecimento de marca com a atractividade e que pode ser combinado com outros modelos de recolha de feedback por parte dos stakeholders das organizações. O mais importante é compreender a importância desta percepção externa no desenvolvimento de uma estratégia de employer branding vencedora.

7. AMBIÇÃO E EXPERIÊNCIA

- Recursos humanos como uma área estratégica
- A cultura da empresa
- Employee advocates

No employer branding não vivemos apenas de percepções, mas sim de ambições e sensações que nem sempre estão alinhadas. As ambições passam pela definição da proposta de valor da organização, da sua estratégia de recursos humanos. À semelhança do que acontece no marketing é fundamental que esta área tenha um plano estratégico e operacional, identificando as suas principais acções. É com tristeza que ainda existem empresas em que a área de recursos humanos não tem voz na decisão das empresas nem mesmo representação no conselho executivo e que continua aprisionada a gestão contratual e de vencimentos. Outras organizações vivem sem recursos humanos ou colocam o director financeiro com a responsabilidade desta pasta, porque afinal só estamos a falar de salários certo?... Errado, estamos a falar de pessoas. E por isso mesmo cada vez mais empresas fogem desta noção inanimada de departamento de recursos humanos para criarem áreas de talent and people, de gestão de pessoas ou apenas de talentos. É claro que o nome será o menos relevante, o mais importante é mesmo considerar na estratégia das empresas as pessoas como parte fundamental, porque se elas não estiverem engaged (ou seja comprometidas), se não existir uma estratégia de retenção de talentos, não há plano, tecnologia ou aplicação que salve o negócio.

Por isso neste mundo de empresas em que as pessoas é que fazem a diferença, mais do que a ambição colocada no coração da decisão estratégica da organização, é preciso perceber a sensação dos colaboradores, ou seja o individual e o todo, como se de uma sociedade se tratasse, de uma nação. O que é preciso identificar é a cultura deste povo. Investigadores sugerem que o compromisso organizacional está relacionado com a cultura organizacional e que esta representa os valores aprendidos pelos elementos da empresa, que são passados aos recém-chegados e evidenciados pela forma como as pessoas se comportam no local de trabalho[1]. A cultura está em constante evolução e atua como um requisito para que os candidatos sejam os ideais para uma função. Não é por acaso que nos processos de recrutamento não basta fazer uma avaliação das competências (soft e hard) do candidato, mas também compreender a sua adequação à chefia e à organização. Por isso alguns autores sugerem que cultura e comprometimento estão amarrados um ao outro, são interdependentes. Alguns tipos de cultura demonstraram que conseguiam fortalecer o compromisso com a organização. Desenvolver e manter uma cultura produtiva e suportada é uma tarefa de todos os líderes da empresa e cada vez mais com novos modelos de liderança é uma tarefa de todos. Dentro da companhia esforços de marketing têm como objectivo criar esta cultura que reforça o desejo de trabalhar na empresa e que consiga melhorar a qualidade de vida do trabalhador na execução da sua função, no seu dia-a-dia. Para atingir esses resultados as empresas promovem os valores existentes e é também recorrendo a estas estratégias que conseguem avançar com

processos de transformação culturais. Por exemplo, o reposicionamento anunciado pela Randstad em 2017 é acima de tudo uma alteração cultural. Obviamente tem consequências externas ao nível da
imagem, da assinatura e dos pilares da marca, mas a essência desta
transformação está na cultura. Uma empresa com quase 60 anos
de existência que começou com dois sócios fundadores, em que um
deles levou o seu primeiro trabalhar temporário ao local de trabalho
de bicicleta e que hoje está em 39 países e coloca a trabalhar mais de
meio milhão de pessoas. Nesta história, a cultura esteve sempre em
mudança, mas numa era pós digital ou melhor dizendo na revolução
4.0 não chega. O mercado dos recursos humanos, em especial a tecnologia para suportar a gestão de pessoas tornou-se um mercado
muito atractivo para start ups tecnológicos. Soluções automatizadas de match, algoritmos inteligentes na previsão de necessidades
e robots para processamento de informação repetitiva são apenas
alguns exemplos do impacto do digital neste sector. Impacto que não
é exclusivo dos recursos humanos, mas que obriga a uma alteração
de mentalidade das pessoas que estão nestas organizações. Passar
de ma vantagem competitiva que era a base de dados dos candidatos, para um posicionamento baseado no valor acrescentado das
pessoas, na relação e na experência. Esta é uma alteração cultural
que desafia os próprios colaboradores que são chamados a ser mais
humanos e a darem mais de si, a revelarem o seu potencial. Neste
reposicionamento a multinacional de recursos humanos posiciona-
-se na intersecção entre o humano e o digital, como um parceiro
humano de confiança no mundo do talento que é guiado pela tecnologia. Assentando a sua marca em três princípios fundamentais:
fazer da tecnologia de recursos humanos uma tecnologia mais
humana, utilizar a tecnologia para fazer o empowerment das suas
pessoas, dos seus consultores e entregar uma experiência cada vez

mais humana. Neste processo de transformação, os primeiros testes demonstraram uma clara aceitação por parte dos clientes e dos candidatos, enquanto os colaboradores não foram tão receptivos. O que vai mudar? O que querem agora de mim? O que me vai acontecer? Um desconforto que também se justifica por uma cultura muito marcada, com uma média de permanência elevada dos seus colaboradores, o que aumenta as raízes. Ter uma cultura forte e com personalidade é reflexo de dedicação, de paixão, de entrega. Apenas existe em empresas de topo ou em start-ups alimentadas pelo acreditar e com o suor de muitos neurónios que estão constantemente a produzir para um determinado objectivo. Quanto existe intensidade, a cultura por vezes torna-se menos permeável à transformação ou melhor dizendo, mais exigente. Não existe o medo de questionar, de querer perceber o caminho e a comunicação é uma das mais importantes estratégias. A cultura é muito mais desafiante do que qualquer tecnologia, porque tem uma identidade e características muito próprias que são sentidas pelo individuo mas com reflexos na forma de atuação do todo.

O employer branding tem um papel fundamental na cultura da organização. A proposta de valor para os colaboradores da empresa vai definir a retenção de talentos, a satisfação e a produtividade dos mesmos. É a cultura que intermedeia a relação entre o employer branding e o employer loyalty [2] e a sua importância não deve ser desvalorizada. Num estudo apresentado no portal hrinasia.com [3] 96% das pessoas indica que o alinhamento da sua personalidade com a cultura da empresa é um fator chave de satisfação. Ao mesmo tempo 87% das pessoas indicou que tinha ido para uma empresa por causa da sua cultura e que no lado oposto, 80% tinham deixado uma organização por falta de alinhamento com a cultura. Estes dados não surpreendem e a tendência é para que a cultura continue a ter um impacto muito forte no employer branding e na minha perspectiva vai mesmo ultrapassar a identidade da empresa. O boom de empreendedorismo dominado pelas tecnológicas que nos trouxe para cima da mesa as práticas de falhar rápido para ser bem sucedido ainda mais rapidamente, retiraram importância às marcas para se focarem neste novos modelos de trabalho, neste dedicação a projecto, nas lideranças lean e nas metodologias agile que parecem ser muito mais atractivas para as novas gerações. Na verdade, hoje embora os perfis de engenharia e de IT ainda prefiram trabalhar para as grandes multinacionais, se formos ver a amostra representativa da população, a sua maioria já prefere ter o seu próprio negócio ou trabalhar para uma start up [4]. Talvez estejamos a aceitar o risco ou simplesmente a ganhar confiança, inspirados por unicórnios que vão existindo ou por estruturas de empresas com culturas onde é mais fácil fazer este fit e revermo-nos no projecto, com menos políticas e com estruturas menos pesadas.

Um elemento fundamental que pode acelerar a transformação cultural das organizações e que vive com ela, influenciando-a é a experiência do colaborador. Esta não começa na empresa e não se extingue com o fim do vínculo, mas existem três fases vividas dentro da organização que vão impactar na cultura da mesma: onboarding, retenção e desenvolvimento. Durante estes momentos é fundamental que exista uma estratégia que passa não apenas pela recolha de feedback mas também pela criação de programas de engagement com os colaboradores. Não é possível ignorar estes influenciadores, eles são um canal de comunicação e cada vez mais até de vendas da própria empresa. A confiança na mensagem que geram é superior à da comunicação institucional, ao mesmo tempo quando questionamos em Portugal [5] qual o canal mais utilizado para verificar a reputação de um empregador a resposta é unânime: família e amigos e só depois o site corporativo da organização. São eles que através das redes sociais impactam a imagem da organização, os seus produtos e contribuem de forma determinante para o employer brand, em especial para o seu círculo de influência. Alguns dados estatísticos comprovam exactamente isso:

- 84% dos consumidores valoriza as recomendações da família e amigos em detrimento de qualquer outra forma de publicidade e adicionalmente 77% dos consumidores gosta de fazer compras depois de terem ouvido alguém de confiança falar sobre o produto adquirido (fonte: Nielsen);
- As mensagens das marcas são partilhadas 24 vezes mais quando publicadas por colaboradores da empresa do que pelos canais corporativos (fonte: MSLGroup);
- As leads adquiridas através de employee social marketing, ou seja, de ferramentas de marketing que conseguem acompanhar as mensagens partilhadas nas redes sociais dos colaboradores, como seja o PostBeyond, convertem sete vezes mais do que outras leads (fonte: IBM);
- Colaboradores de empresas socialmente engaged têm maior probabilidade de se manter na empresa, sentirem-se mais optimistas sobre o futuro da organização e acreditar que a sua empresa é mais competitiva (fonte: Altimeter & LinkedIn Relationship Economics 2014);
- 98% dos trabalhadores usa pelo menos uma rede social a título pessoal, e 50% dos casos já estão a colocar publicações sobre a sua empresa (fonte: Weber Shandwick);
- O conteúdo partilhado pelos colaboradores recebe oito vezes mais engagement do que o conteúdo partilhado pelos canais oficiais da marca (fonte: Social Media Today);

- Clientes referenciados por promotores (advocates) têm uma taxa de retenção superior de 37% (fonte: Deloitte);
- Cerca de 30% das empresas com elevado crescimento têm programas de employee advocacy implementados. Cerca de 86% dos promotores (advocates) num programa oficial dizem que o seu envolvimento nas redes sociais teve um impacto positivo para as suas carreiras (fonte: Hinge Research Institute and Social Media Today);
- Referências são uma das principais fontes de recrutamento de acordo com a CareerXRoads e os colaboradores promotores (employee advocates) são excelentes referenciadores. Uma campanha de recrutamento guiada exclusivamente por promotores tem um custo aproximado de zero (fonte: Social Media Today);
- 60 milhões de americanos partilham comentários positivos sobre o seu local de trabalho online (fonte: Ad Age).

O employee advocacy já tem resultados muito promissores nos Estados Unidos, em Portugal estamos a caminhar nessa direcção mas ainda não existem muitos exemplos de empresas que já tenham o seu colaborador no centro da estratégia. Os desafios de como implementar este modelo, de quais as redes, de qual a ética de uma política de cookies nas redes sociais dos trabalhadores, o que podem ou não os gestores de pessoas utilizar do perfil social e como tudo isto se enquadra na nova lei da protecção de dados é um segundo tema, com impacto em estratégias de employer branding, mas com dimensões que não cabe analisar aqui. O factor principal a ter em consideração é o colaborador como elemento ativo na cultura organizacional, não apenas pela sua vivência mas também como motor do seu processo de transformação.

8. O QUE VEM A SEGUIR

- Estratégia de employer branding
- Implementação da estratégia
- Importância da medição dos resultados

Depois de reconhecido o employer branding como algo crítico para a organização, é necessário implementar uma estratégia de employer branding que seja uma vantagem competitiva. Esta é uma tarefa complexa que envolve múltiplos stakeholders. As empresas bem sucedidas em 2020, e recordo que esta meta que parecia longínqua está na verdade a dois anos de distância, são aquelas que:

- adotarem uma estratégia de abordagem ao employer branding;
- incluírem o employer branding como uma competência da própria liderança para que a experiência se aplique ao longo de todo o ciclo de vida do trabalhador;
- compreendam que o valor é criado através de experiências com todos os stakeholders, como sejam os parceiros de recrutamento, as empresas de outsourcing, os freelancers que dão suporte ao negócio, os clientes;

- desenvolvam uma estrutura de negócio e organizacional que seja ágil para responder às alterações da conjuntura, sejam elas políticas (como o caso da Catalunha, o Brexit ou a política económica dos Estados Unidos), económicas (como a redução do crescimento do PIB), sociais (a gig economy, os "nem nem") e tecnológicas (como a inteligência artificial, a realidade aumentada, o machine learning).

Quer isto dizer que a cultura das organizações deve caminhar no sentido da aprendizagem contínua, do empowerment, da transparência e da confiança. Valores que sempre foram fundamentais mas que hoje com a transformação 4.0 são ainda mais vitais. A conversação sobre o employer branding precisa de deixar de ser uma discussão sobre soluções operacionais para estar focada em questões estratégicas que respondam que tipo de modelo de negócio e de estrutura de organização vai ser necessário para oferecer uma experiência de marca que faça com que os clientes queiram comprar os produtos e serviços e as pessoas (os talentos) queira vir contribuir com as suas competências e conhecimento para que isto aconteça. Este novo posicionamento do employer branding ao nível do negócio é a única forma de delinear uma estratégia a longo prazo para a organização.

Assim e à medida que o employer branding continua a ganhar importância existem algumas competências que as empresas devem desenvolver para que possam beneficiar de uma estratégia de employer branding e assim aumentar a qualidade das suas contratações, reduzir o turnover e os custos de recrutamento, e ainda aumentar o engagement com os seus trabalhadores e stakeholders. De acordo com Brett Minchington Chairman/CEO do Employer Brand International (EBI) existem algumas ações a desenvolver e é com base na sua análise e considerando o caminho percorrido até aqui que completo essa mesma lista de ações a desenvolver:

- Definir a experiência da marca e o propósito e como esta impacta nas pessoas. Rever a promessa da marca e se os colaboradores estão alinhados com essa mesma promessa, de forma a compreender se a experiência dos candidatos, colaboradores, clientes e investidores está de acordo com o que foi definido.
- Definir o foco e as prioridades, não vale a pena tentar ser reconhecido em tudo porque essa é uma tarefa inglória. Vale a pena trabalhar no sentido da excelência, mas a estratégia tem de ser focada e delimitada. Copiar no sentido de olhar para fora para conhecer outras práticas e reconhecer as melhores, mas não copiar só porque os outros fazem. Acrescentar ao copy//paste o copy, adapt and paste, ou seja, copiar, adaptar e colar. A única forma de o fazer é através do diálogo e da discussão com a liderança da empresa, compreendendo onde se coloca o employer brand na estratégia organizacional e de negócio. Em algumas empresas a discussão vai ser mais fácil do que noutras, mas não a ter não é uma opção. É preciso colocar na agenda mas também na cultura da empresa, para que não seja um projecto, mas sim parte integrante da sua essência.
- Rever o modelo de negócio e a estrutura organizacional. O tamanho, o tipo e a dispersão geográfica da empresa têm impacto no tipo de modelo de negócio e de estrutura organizacional para conseguir atingir os objectivos. Mover as operações para países em desenvolvimento foi durante muito tempo a estratégia chave de competitividade das organizações. Foi replicada pelos seus concorrentes e no que se

relaciona muitas vezes a funções de customer care (atendimento ao cliente) demonstraram que a qualidade não era a mesma. Por isso, os centros de serviços partilhados, conhecidos por shared services center cada vez mais são desenvolvidos em modelos nearshoring em que a externalização é feita em países próximos com salários mais competitivos mas que tenha uma qualidade igual ou superior ao do país de origem. Portugal é um dos países de destino que se tem vindo a afirmar concorrendo com a Polónia e República Checa. O que nos distingue além do salário, custo médio de vida são as infraestruturas, a taxa de penetração da Internet, a qualidade do ensino, as competências linguísticas dos portugueses e o clima. Nestes factores de atractividade estão incluídos a segurança, o surf e a simpatia das pessoas, elementos que já são utilizados em campanhas para estrangeiros, para que tenham a sua experiência internacional de trabalho. O crescimento destas operações e a possibilidade de aparecimento de novos destinos ou de cada vez mais concorrência à procura dos mesmos perfis leva a que o employer branding se torne cada vez mais crítico. O fator de atração pode também ser desenvolvido o nível do país, mas tem também de existir ao nível da empresa, porque existe mais do que uma oferta. O fator de distinção de Portugal não pode ser apenas o salário, deve ser trabalhado na componente de qualidade de vida e das pessoas, essa é a única forma de manter a atractividade. Mas não são apenas as mudanças nos modelos de negócio que têm de estar alinhadas com o employer branding. A própria tecnologia também obriga as empresas a repensar a forma como organizam os seus recursos em especial em áreas como o retalho, as telecomunicações, sector da saúde e automóvel.

Na verdade é difícil imaginar quais as indústrias que vão ficar ilesas à quarta revolução industrial.

- Posicionar o employer branding ao nível da liderança da empresa. Não é algo que não seja referido nos pontos anteriores, mas que tem de ser reforçado. Este não é um tema exclusivo de recursos humanos ou de marketing, este é um tema de liderança da organização, porque é esta mesma liderança que tem de contemplar a atractividade da marca para trabalhar na sua estratégia de negócio.

- Expandir a rede de contactos. No passado o recrutamento dos lideres das organizações baseava-se na sua experiência, percursos e formação. Hoje o mais importante é o tamanho, o alcance e a qualidade da sua rede de contactos. É preciso existir no mercado, ser conhecido e reconhecido pelas competências, ter uma identidade digital que comprove o conhecimento e as próprias competências. O employer branding é também leaders branding e são estes que mais contribuem para a imagem da organização e também para o engagement com os colaboradores.

- Envolver as vendas e a área de business development. A estratégia de vendas pode dizer muito sobre os valores e a cultura e ou a empresa tem um propósito claro ou é apenas mais uma organização que apenas procura o lucro. Esta diferença tem grande impacto na reputação e por muito que exista uma diferença entre a marca de consumo e a marca para trabalhar, idealmente deve ser alinhada a estratégia de marketing com o posicionamento da marca, entregando valor e não impactando de forma negativa para a marca como um todo.

- Reduzir a duplicação e a burocracia no trabalho das pessoas e ao mesmo tempo remover todas as práticas que complicam o "tempo de contratação" e o "tempo de produtividade". As empresas têm de desenhar de forma clara o percurso do talento na sua organização e optimizar a experiência do candidato. Esta fase inicial não pode ser demasiado morosa, com ausências de feedback e com grande espaço de tempo a intermediar os pontos de contacto. Não há nada mais desmotivante para um talento do que esta espera injustificada e que se deve a burocracias do processo de contratação. É nesta fase que uma abordagem de employer branding pode ter maior impacto na qualidade do talento e nas referências dadas sobre a empresa. Por outro lado, a identificação de um talento de elevado potencial não pode ser decidido pela existência ou não de vagas. Tal como uma oportunidade de negócio, sempre que as empresas identifiquem pessoas que podem alavancar a sua estratégia, devem fazer o business case e avançar ou não com esta contratação. As pessoas críticas para as empresas pagam-se a si mesmas e não devem estar dependentes de vagas.

- Rever como estão alocados os recursos considerando que cada vez mais as empresas têm de ter liberdade de escolha no como, quando e onde as pessoas trabalham. Este novo mundo do trabalho exige uma estratégia holística tanto para o trabalho que é desenvolvido de forma presencial como em equipas virtuais.

- Colocar o talento na função certa e na altura certa para ter o melhor retorno. Esta decisão deve ter em consideração a competitividade do mercado na procura do melhor talento e do que estes esperam. O crescimento da comunidade freelancer e das start ups não pode ser ignorado e por isso esta noção de timing é cada vez mais fundamental porque vai tornar-se numa vantagem competitiva das empresas que o souberem fazer.

- Desenvolver relações próximas com os parceiros e fornecedores garantindo que também com eles existe engagement e experiência alinhada com o employer branding da empresa. A não aproximação tem um custo acrescido para a empresa, que querendo viver de forma mais isolada vai ter de investir ainda mais no seu employer branding para impactar na percepção. Ter este engagement com as empresas do seu ecossistema e aumentar o seu alcance e ao mesmo tempo desenvolver uma experiência de parceiro alinhada com a sua estratégia de employer branding. Estas relações colaborativas têm vantagens para ambas as partes, aumentando também a produtividade e os níveis de serviço. De recordar que a decisão que está na base de ter um parceiro é porque este detém mais competências do que a empresa para o serviço que presta e seria impossível pensar em contratar pessoas para o fazerem internamente. É completamente antiquada a relação em que uma empresa manda a outra fazer, sem ouvir. Quando isto acontece são relações baseadas no preço e não na qualidade e na expertise. Por isso, as empresas devem estender a sua marca também a estas relações, que se querem de longo prazo para que o retorno seja ainda maior. A força da relação com um parceiro vai ser crítica nos próximos anos e na medida em que a escassez do talento vai impactar cada vez mais, nas mais diversas áreas.

Todas estas considerações vão contribuir para a estratégia de employer branding e podem ser alinhadas em cinco passos.

O primeiro é conhecer os objectivos de negócio da empresa e tê-los bem definidos, porque ao aumentarmos o ecossistema do employer branding temos também de garantir que este está alinhado com os objectivos de negócio.

Colocar o posicionamento em todos os momentos de interação						
ATRAÇÃO	RECRUTAMENTO	ONBOARDING	EXPERIÊNCIA DO COLABORADOR E ENGAGEMENT			SEPARAÇÃO
Procura de emprego	Candidato	Nova contratação	Colaborador			Alumni
Externo Redes sociais Sites	Correspondência	Site nova contratação	TOTAL DE RECOMPENSAS	CULTURA (ORGÂNICO)	Employee advocacy	Recrutamento Alumni
Site de carreiras	Talent relationship management	Emails de boas vindas	Fidelidade match	Site intranet	Referências dos colaboradores	Referências Alumni
		Orientação virtual	Site de benefícios	Ferramentas de comunicação		
Recrutamento nas universidades	Toolkit do recrutador	Experiência de onboarding	Avaliação anual	Diversidade e inclusão		
				Ética		
Descrição da função	Questionário da experiência do candidato	Plataforma de onboarding	PERFORMANCE	Dar à comunidade		
Alumni engagement		Gestão da comunicação	Learning & development	ENTREGA DOS RECURSOS HUMANOS (RH)		
				Portal RH		
				Políticas de RH		

GRÁFICO 7 – o posicionamento do employer brand deve estar presente em toda a jornada nos diferentes pontos de contacto (fonte do gráfico http://thesocialworkplace.com/2016/07/7-mistakes-to-avoid-when-developing-your-employer-brand-strategy/)

O segundo passo é analisar, pesquisar, conhecer o que procuram os talentos que a empresa quer atrair, quais as melhores práticas do mercado, quais os principais EVPs. Ao mesmo tempo tem de fazer esta mesma pesquisa internamente, conhecendo o que as suas pessoas percepcionam como o employer branding da empresa, como a posicionam nos vários EVPs e o que as retêm na organização.

O terceiro passo exige um envolvimento corporativo e de liderança, porque é o momento em que se define o employer branding da organização, que deve conter: diferenciação (2 a 5 caraterísticas que diferenciam a empresa na forma de trabalhar de todas as outras), declaração de posicionamento (é o employee value proposition, a brand promise do employer branding) e um plano operacional com diferentes tácticas para atingir os objectivos, que deve ser revisto semestralmente e deve ter uma visão anual e bi-anual. Este plano é construído tendo por base o gap que possa existir entre a percepção e o objectivo e entre a sensação e a experiência dos colaboradores.

Para suportar o programa de employer branding vão ser necessárias várias ferramentas com objectivos específicos em cada ponto de contacto([1]). No passado para este quarto passo o mais importante era uma área de recrutamento no website, não que tenha deixado de ser uma ferramenta de captação, mas as redes sociais, os portais de emprego e os agregadores trouxeram novos desafios no relacionamento com os candidatos. Da mesma forma durante o ciclo de vida do colaborador, já dentro da empresa, existem cada vez mais ferramentas que não se limitam a análise de satisfação ou performance, mas também estão ligadas à cultura da organização.

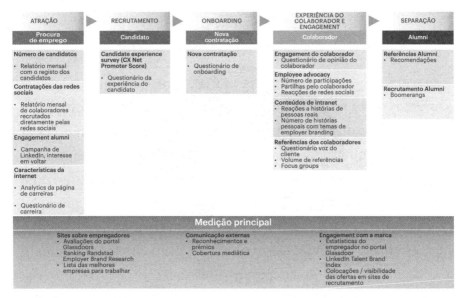

Gráfico 8 – Possíveis métricas a ter em consideração numa estratégia de employer branding (fonte do gráfico http://thesocialworkplace.com/2016/07/7-mistakes-to-avoid-when-developing-your-employer-brand-strategy/)

O quinto e último passo é a análise. Por detrás de todas estas aplicações e de todos estes momentos tem de estar um analytics, a captação dos dados para que não existam apenas números, para que se faça uma análise qualitativa. Saber os nossos números é mesmo a única forma de compreender se o plano está a resultar e se as táticas são as mais adequadas. A utilização por exemplo do Net Promoter Score (NPS) em todos os pontos de contacto sabendo apenas se o candidato, o colaborador, o parceiro ou o cliente recomendaria a empresa para trabalhar é um barómetro que pode guiar a organização neste percurso. Mas existem muitas métricas possíveis como vemos no gráfico 8.

Há muita literatura e consultoras que se arriscam a esquematizar o processo do employer branding. Utilizo o modelo mais consensual em termos dos passos a seguir (gráfico 9), que resume de alguma forma o processo apresentado até aqui.

GRÁFICO 9 – Modelo do processo de implementação de uma estratégia de employer branding (várias fontes).

Concluindo, todas as empresas têm employer brand, mesmo as que não têm trabalhadores. A natureza da alocação dos recursos está a mudar e fornecedores, freelancers e até mesmo voluntários são atraídos por empresas que têm um propósito claro, que oferecem uma excelente experiência seja a clientes, candidatos, trabalhadores ou investidores. As empresas não devem ser "o cliente em primeiro lugar" ou "o trabalhador em primeiro lugar", o objetivo comum é que deve guiar a organização, ou seja garantir uma experiência extraordinária, alinhada com o posicionamento da empresa.

É preciso estar focado em adotar uma estratégia de employer branding em todo o ciclo de vida do trabalhador. Para conseguir construir um employer brand forte é necessário liderança, colaboração em todas as funções do negócio e comunicação alinhada com a promessa da marca. Nunca se deve prometer o que não se pode cumprir.

9. COPIAR, ADAPTAR E COLAR

- Casos de referência internacionais
- Práticas para atração e retenção de talento
- O impacto das redes sociais

O employer branding é uma excelente estratégia para atrair e reter talento e existem verdadeiros casos de sucesso que vale a pena destacar.

Expedia

Os trabalhadores mais felizes de Londres trabalham nesta empresa americana de viagens segundo um inquérito da Glassdoor de 2017 sobre a satisfação no escritório. Ténis de mesa, futebol, consolas de jogos e um bar de cocktails são parte da descrição do local de trabalho. Mas não é por esta diversidade de oferta que os colaboradores são mais felizes, até porque não são os espaços que fazem a cultura da organização, mas sim as pessoas que nela trabalham. Se contribui para a felicidade, sim, mas não é um fator determinante e nunca deve ser considerando um EVP. Os resultados de um estudo em que o psicólogo Cary Cooper participou, revela que os extras invulgares nos escritórios até podem aborrecer os funcionários. É raro alguém trabalhar numa rede de descanso ou ter uma reunião numa piscina de bolas. O que os trabalhadores parecem dar maior importância é à privacidade dos écrans (74% dizem que esta falta de privacidade causa alguma ansiedade), algo que pode ser facilmente resolvido pelo empregador, mas que na opinião do psicólogo não é muitas vezes tida em conta porque não é "instagramável", ou seja, que não pode ser partilhado no Instagram e gostado pelos seguidores.

Um estudo de 2016 realizado pela Society for Human Resource Management reforça os resultados do Randstad employer brand research ao indicar que o mais importante para os trabalhadores é o ordenado, as perspectivas de carreira, o sentimento de respeito e de confiança no trabalhador. Uma das maiores fontes de felicidade não está no mobiliário nem no espaço, mas sim na criação de relações fortes e próximas de acordo com um inquérito aos licenciados de Harvard.

Então o que tem a Expedia para ser a melhor empresa para trabalhar? O inquérito demonstra que os colaboradores gostam de lá estar por causa do trabalho que fazem e não pela modernidade do escritório. O vice presidente da marca explica em comunicado de imprensa: "uma das principais razões que leva os nossos colaboradores a gostarem de trabalhar connosco é que eles têm voz para contribuírem directamente naquele que vai ser o caminho da empresa. Nós motivamos todas as pessoas independentemente da função a partilharem as suas ideias, a testar e a aprender novas formas de melhorar a experiência de viajar, o que transforma o nosso ambiente de trabalho num espaço muito criativo". Esta filosofia estabelecida na empresa é o que tem trazido maior engagement por parte dos funcionários, porque os testes e a aprendizagens não têm por base a hierarquia e todos contribuem para a cultura de inovação e criatividade da empresa. Em paralelo a Expedia oferece 12 500€ em cheques viagem aos seus colaboradores.

É muito interessante verificar que o espaço realmente tem influência mas que não é determinante. E será que o local de trabalho quanto mais fun e mais "instagramável" melhor é a criação das relações? Um inquérito realizado junto a mil adultos britânicos em fevereiro de 2017 mostra que as pessoas que trabalham em ambientes altamente socializados, como escritórios centrais urbanos com acesso fácil a cafés e bares ou em complexos tipo campus universitários, tinham mais dificuldade em estabelecer relações com os colegas do que os agricultores, os trabalhadores de plataformas petrolíferas e os funcionários com turnos nocturnos. Na verdade quanto menos social é o ambiente mais o ser humano cria essas relações, o que parece um contra-senso. A facilidade de convívio cria relações mais superficiais, do que em situações em que há menos condições para esse convívio acontecer. Estes resultados não devem levar as empresas a caminhar num sentido oposto a actual no que toca aos espaços de trabalho, mas deve acima de tudo alertar que não é o local de trabalho que faz a cultura da empresa e que muito menos este é um EVP na atração e retenção de talento.

GE (General Electric)

Um claro exemplo de transformação e de adequação ao mercado. A GE percebeu que tinha um grande desafio na atração de talento, numa altura em que as start-ups são mais sexy's e em que concorre com os mesmos perfis do Google e do Facebook, este gigante com 125 anos de história teve de se adaptar. A sua história levava a que a empresa fosse associada a trabalho industrial manual e por isso a empresa lançou em 2015 a campanha do Owen, um millenial que começa a trabalhar na GE como programador e que tem muita dificuldade em explicar à família e amigos o que faz na empresa. Enquanto em casa o pai lhe dá um martelo comemorando a sua entrada na GE, os amigos parecem mais entusiasmados com o trabalho de um deles numa empresa que criou uma aplicação mobile que coloca chapéus estranhos em gatos. O terceiro filme comercial desta série mostra o protagonista a ser surpreendido com uma festa surpresa para comemorar o seu novo emprego e a desilusão de todos quando percebem que em vez de trabalhar numa das gigantes tecnológicas, o Owen trabalha na GE. A campanha tem como assinatura "the digital company, that's also an industrial company" (a empresa digital que é também uma empresa industrial), ou seja a empresa não esconde o seu passado mas comunica através do seu protagonista o que é o seu actual campo de atuação no digital.

A campanha de cerca de 2,5 milhões de dólares utiliza o ator da série "Big Bang theory" reforçando a imagem do nerd e aproximando-se ainda mais do seu target de recrutamento. O lançamento foi feito num talk show com horário premium nos Estados Unidos e além da televisão teve uma forte presença na Internet sempre a reencaminhar para o site de empregos da GE. Com esta acção a empresa conseguiu mostrar que está na linha da frente do desenvolvimento tecnológico, com soluções de Internet of Things (IoT) e que garantem melhor qualidade de vida. Os resultados de acordo com o site Business Insider são muito positivos: oito vezes mais candidatos e um crescimento de 66% no trafego do site de carreiras da empresa. Por isso mesmo, a GE ainda avançou com uma segunda campanha chamada "The world is catching up with Owen" (o mundo acompanha as novidades com o Owen), em que o protagonista se cruza com um candidato que está inclusivamente disposto a pagar para ser recrutado para a GE.

Em paralelo com a publicidade, a empresa trabalhou também o seu employer branding interno. Desenvolveu uma acção de embaixadores extensível aos seus 10 mil colaboradores. Após esta acção, a equipa que desenvolveu o projeto estimava que cerca de 1000 colaboradores estavam altamente comprometidos com a marca e que partilhavam regularmente posts sobre a empresa e ofertas de emprego em aberto. Para que isto aconteça há uma equipa de recrutadores, especialistas na aquisição de talento e comerciais que garantem o alinhamento com a própria estratégia da GE. Esta equipa todas as segundas feiras partilha notícias na organização e utiliza o LinkedIn e o Hootsuite para garantir o impacto nas redes sociais.

A nível interno a GE criou um conselho de employer brand com 35 pessoas representando as várias áreas de negócio e de diferentes zonas geográficas onde a empresa está presente. Esta comissão tem reuniões mensais que são gravadas para partilhar com os embaixadores da marca. Algumas das pessoas deste grupo chegam a dedicar 25% do seu tempo ao employer brand. A diversidade geográfica da empresa nunca deve ser ignorada numa estratégia de employer branding. Por exemplo, na China, a GE trabalhou sempre o canal WeChat, a rede social que está em claro crescimento nesta região. Em alguns países a campanha do Owen não foi utilizada porque o humor baseado na depreciação de pessoas não é culturalmente aceite.

Porque a GE utiliza o LinkedIn para atrair potenciais candidatos no mundo inteiro, a empresa ofereceu uma hora de formação nesta plataforma aos seus colaboradores, encorajando-os a completar o seu perfil e incluindo as descrições das suas funções da forma que mais interessava comunicar à empresa. Nos primeiros 12 meses de formação, 5 mil colaboradores da GE fortaleceram a sua presença nesta rede, mesmo em países onde o LinkedIn não era tão popular. O resultado foi expressivo: 170 mil trabalhadores na rede, cerca de 78% do total de empregados.

Na estratégia de employer branding da organização, o governance foi também tido em consideração. A pessoa responsável pela área, Shaunda Zilich, vinha originalmente do marketing, mas a sua função na GE era de aquisição de talento e o seu reporte funcional é tanto ao marketing como aos recursos humanos.

Heineken

A Heineken é um exemplo incontornável de employer branding. A sua campanha "Go Places"([1]) cria engagement com o candidato através de uma experiência com a marca. O vídeo interactivo não fala apenas com os candidatos mas também com os colaboradores e clientes. O resultado é uma entrevista onde surgem colaboradores da empresa e um caminho que é feito lado a lado com a Heineken. Na mesma página a empresa de cervejas apresenta um manifesto com a sua proposta de valor provocando os visitantes a desafiarem-se e a liderarem o seu caminho. Este é um excelente exemplo não apenas pela qualidade de execução mas como o focos na experiência de marca pode fazer a diferença na forma como as pessoas se sentem emocionalmente conectadas à empresa. Cria uma bem sucedida campanha de candidatos com mais de um milhão de visitantes por semana no canal oficial de YouTube, após o primeiro mês do lançamento.

É curioso ver que alguns blogs criticam esta campanha por ser apenas uma campanha, uma vez que o processo de submissão e de tratamento das candidaturas não mudou, é via LinkedIn e não dá continuidade à experiência disruptiva da campanha. Assim este será um bom exemplo mas precisa de evoluir em termos da jornada do candidato.

PWC (PricewaterhouseCoopers)

A marca de consultoria globalmente tem tentado aproximar-se dos millennials e parece estar a ser bem sucedida. A sua página de carreira é inovadora e simples na sua abordagem, construindo uma visão 360 da proposta de valor da marca (EVP). Exemplo disso é a definição utilizada no crescimento de carreira: "cada percurso profissional é diferente. É por isso que te ajudamos a desenhar o teu. Vamos te oferecer formação, coaching e experiências que te vão permitir construir relações e tirar vantagem de oportunidades de carreira. Tu decides o que acontece a seguir – na PWC ou além dela". Esta abordagem centrada do trabalhador é feita em estreita ligação com o seu desejo de moldar o seu futuro e de fazer o empowerement individual com um propósito chave e com o seu desenvolvimento pessoal. Mas este posicionamento não é apenas reforçado através de frases da marca. Existem testemunhos, comentários e experiências na primeira pessoa de fontes fido dignas, com case studies e vídeos. A seção "our people" (as nossas pessoas) foca-se no detalhe individual, destacando a progressão e o desenvolvimento recorrendo a cronologias e demonstrando o potencial de carreira para cada eventual colaborador.

As páginas de responsabilidade social corporativa e sobre a cultura organizacional também estão alinhadas com o tom de voz da marca, apresentando os valores com os quais um potencial empregado se pode identificar. Desta forma a PWC também garante que está a atrair o talento mais adequado com a cultura da sua organização, algo fundamental para a relação entre as partes, seja pela felicidade do colaborador, seja pela própria produtividade.

Deloitte, Adobe, Salesforce

O destaque destas três empresas vai para a forma como utilizam as redes sociais na sua estratégia de employer branding, em especial quando procuram comunicar para millenial's. A campanha @ ifeatDeloitte da consultora é um desses exemplos. Nos Estados Unidos a Deloitte dedica esta sua conta de Twitter (rede social com elevada taxa de penetração nos EUA) apenas para comunicar em tempo real a experiência dos seus colaboradores. Este canal dedicado mostra a necessidade de estabelecer uma marca distintiva como empregador, separada da marca corporativa. Este tom de voz e posicionamento reflecte-se também na página de carreiras da Deloitte (Life at Deloitte careers site) que é também independente do seu site corporativo. Esta divisão permite resultados mais imediatos mas obriga a um aumento do investimento, o que pode ser justificado pela falta da atractividade da marca corporativa. Por outro lado há uma exigência grande na divulgação dos conteúdos, mas que tem como ponto positivo a criação dos employer advocacies da marca, que não são mais do que os atuais colaboradores da empresa.

#AdobeLife é um #(hastag) é um passo à frente nesta partilha da experiência do colaborador, porque na verdade esta palavra de pesquisa está nas mãos dos funcionários, que podem fazer tweets e partilhas independentemente das contas, utilizando esta referência. Obviamente a autenticidade e o valor destas partilhas é enorme porque elas não saem de um canal corporativo, nem são forçadas mas ao mesmo tempo não são minimamente controláveis pela organização (ou se controladas podem levar a uma situação de crise). Para avançar com uma acção semelhante é preciso conhecer muito bem a audiência e a sua maturidade, e até literacia digital, porque esta é uma partilha com impacto não só no employer brand da organização, mas também com impacto na marca. A vantagem é clara num dos exemplos de partilha, um testemunho não pago, de alguém que claramente aproxima o talento da Adobe.

IMAGEM 4 – Exemplo de um tweet de uma colaboradora da Adobe

IMAGEM 5 – Exemplo de um tweet de um colaborador da Adobe numa reunião da empresa

O espectro do feedback é enorme incluindo partilha sobre o investimento em formação e desenvolvimentos, reconhecimento profissional, sucessos e celebrações e momentos sociais dentro da organização, que permitem dar a conhecer a cultura da mesma. Algo que a maioria das organizações tem e que os seus colaboradores provavelmente hoje já partilham mas podem não estar identificadas com a organização, não tendo qualquer etiqueta # ou o nome da empresa (muitas das vezes essa nem é uma identificação existente no perfil da redes social, exceto quando falamos no LinkedIn que é menos rede social do que as outras se considerarmos em termos de interacção).

A empresa Salesforce que se dedica a cloud computing ocupa actualmente o lugar 23 na lista da Fortune 100 das melhores empresas para trabalhar e isso deve-se às suas campanhas de employer branding que têm utilizado o Instagram e o Snapchat

IMAGEM 6 – Exemplo de um post do Instagram da Salesforce demonstrando o tom de voz da empresa

IMAGEM 7 – Exemplo de um post do Instagram da Salesforce dando relevo a um momento da empresa, com os seus colaboradores

como principais canais na interacção com a geração millenial e Z. Originalmente utilizando o #dreamjob para demonstrar as experiências 360 na vida de um colaborador da empresa incluindo imagens do escritório, eventos, valores e cultura. Nesta presença nas redes é possível ficar a saber que a empresa tem um programa de 6 meses de licença de maternidade ou a forte relação da organização com os gulosos cupcakes.

Google

Incontornável exemplo de employer branding. A empresa que desenhou o local de trabalho baseando-se nas necessidades dos seus colaboradores. São sobejamente reconhecidos pelo seu campus e pelo layout dos seus escritórios, pelos benefícios dados aos seus funcionários como comida gratuita, massagens e serviços de lavandaria. Foram a primeira empresa com este tipo de cultura, demonstrando a relação entre a satisfação e as condições do local de trabalho e a produtividade. Uma relação win-win não apenas para os colaboradores, mas também para os restantes stakeholders (clientes e investidores).

Na área da atractividade e fazendo parte do grupo das empresas tecnológicas poderia ser de pensar que não havia necessidade de ter uma grande estratégia, até porque esta gigante recebe por ano cerca de 3 milhões de candidatos de alta qualidade e só cerca de 7000 são contratados, o que representa uma probabilidade de 0,2% de ser o escolhido… mas nem estes números impedem a empresa de manter ativa uma estratégia de captação de talento. Para compreender o equilíbrio entre a vida pessoal e profissional, a Google está a acompanhar 4000 Googlers. O filme que esteve nas salas de cinema em todo o mundo "the internship" (o estagiário), também se tratou de uma campanha de employer branding da Google (parece difícil poder competir com investimentos desta ordem de grandeza) onde estavam presentes muito colaboradores incluindo um dos co-fundadores da empresa, Sergey Brin. Em paralelo a sua página de carreiras tem uma aproximação exaustiva que fala directamente com todos os potenciais candidatos (2017 marca o anúncio do Google for jobs, onde a empresa se compromete a encontrar a oferta ideal para cada pessoa que esteja à procura de emprego. Este novo algoritmo foi desenvolvido em conjunto com empresas de recursos humanos, reconhecendo o processo de matching de um candidato e ao mesmo tempo tendo por base que mais de 90% das pesquisas de emprego começam no Google. Ainda é cedo para avaliar o real impacto da ferramenta até porque ainda não são conhecidos os países onde esta vai começar, mas certamente será mais uma vantagem competitiva da Google para o seu próprio recrutamento e para ajudar a empresa através dos dados recolhidos a perceber o que realmente guia e motiva os talentos).

L'Oreal

Empresa de beleza número 1 no mundo, com mais de 27 marcas internacionais e cerca de 70 mil funcionários, a L'Oreal tem naturalmente atractividade de marca, mas os desafios também existem para empresas desta dimensão. O seu employer branding em mercados emergentes onde ainda não é amplamente reconhecida como na zona da Ásia Pacífico e a capacidade de atrair perfis altamente qualificados e talentosos em áreas como vendas, operações, investigação e tecnologias de informação são desafios da empresa. Para responder a estes desafios a marca começou por ouvir os seus funcionários e envolveu-os no processo de definição da proposta de valor da companhia (EVP). Deste exercício resultou:

- Uma experiência emocionante – um negócio verdadeiramente global com um propósito e uma visão vai garantir que os candidatos consigam ver se a empresa faz parte da sua trajectória de carreira, do seu percurso profissional.
- Um ambiente que inspira colaboradores – a forma de trabalhar em áreas científicas, de responsabilidade social corporativa e no negócio vão ter algo para inspirar os colaboradores.
- Uma escola de excelência – marcas líderes a nível mundial e produtos de referência atraem as melhores pessoas e competências, enquanto candidato podes ser atraído para este ambiente onde a tua carreira pode crescer.

Das várias campanhas levadas a cabo por este gigante, o destaque vai para a "Are you IN" (estás dentro, no sentido de pertença), uma acção que celebra a meta dos 300 mil seguidores da marca através de uma conversação direta que cria engagement e momentos divertidos com a marca. A L'Oreal reconhecia que cerca de 70% dos seus seguidores da página de LinkedIn estava interessado em trabalhar na empresa e por isso no centro desta estratégia colocou o website onde os seus seguidores de LinkedIn podem seleccionar o fator "IN" (INternational, INnovative, INfluential entre outros). Depois do

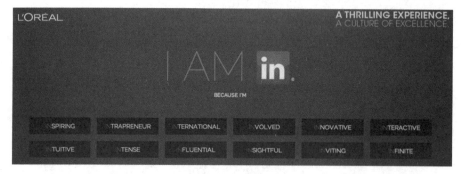

IMAGEM 8 – Opções «in» da L'Oreal para os cibernautas se destacarem no LinkedIn

IMAGEM 9 – O resultado do engagement da marca com os seus seguidores no LinkedIn

utilizador escolher o seu, podia partilhar com o mundo e ganhar reconhecimento (tanto o próprio como a L'Oreal) do que o considerava como a sua qualidade profissional de destaque e ao mesmo tempo gerava um efeito viral trazendo novos perfis para a L'Oreal. Durante esta campanha a marca identificou também os seus promotores e pediu para eles partilharem a sua história. Desta forma a empresa criou uma estratégia a longo prazo nas redes sociais centradas no engagement dos seus principais seguidores e entusiastas da marca.

Em paralelo a marca lançou um canal de carreiras no YouTube. Os vídeos estão organizados por temas: quem somos, o que oferecemos, responsabilidade corporativa e talento no campus. Um dos temas que ganhou maior destaque foi: o que podes ser na L'Oreal.

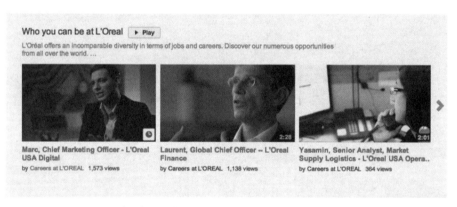

IMAGEM 10 – Exemplo dos vídeos de YouTube que destacam a carreira na L'Oreal, na primeira pessoa

Em cerca de 70 vídeos os colaboradores da empresa partilham o que fazem no seu trabalho, os principais desafios e vitórias. Explicam a estratégia do seu departamento e objectivos levando os espectadores a viajar até à realidade da organização. Esta é sem dúvida uma das formas mais informativas e engaging para a empresa revelar a sua cultura, garantindo uma comunicação transversal das várias hierarquias da organização.

10. EM PORTUGAL: MICROSOFT, DELTA CAFÉS E TAP

- Empresas vencedoras do Randstad employer brand award
- Empresas respondem na primeira pessoa
- A importância estratégica do employer branding

Microsoft – Employer Branding – uma viagem dentro das organizações

Por Dalia Turner,
diretora de Recursos Humanos Microsoft Portugal

A missão da Microsoft é capacitar todas as pessoas e organizações a atingir mais. Não trabalhamos na Microsoft, somos Microsoft porque queremos ter impacto. No nosso ADN, enquanto empresa, – e no dos colaboradores da Microsoft – há, pelo menos, duas coisas em comum: gosto por tecnologia e inovação e desejo de impactar e ~~mudar~~ melhorar o mundo. Por isso dizemos que a nossa marca começa na viagem de cada colaborador assim que integra a organização. *Sê como és, mas faz o que amas* é uma máxima que utilizamos com frequência, porque reflete o que significa trabalhar nesta empresa. Lutamos para ser reconhecidos como um empregador de excelência porque esta distinção é importante para nós na medida em que nos permite atrair os maiores talentos, retê-los e motivar quem já está connosco. Funciona como um sinal luminoso numa mina cheia de diamantes em bruto. E nós queremo-los todos.

A nossa marca é, em todo o mundo, e naturalmente em Portugal também, o resultado do excelente trabalho que os colaboradores e os nossos parceiros conduzem, diariamente, para capacitar todas as pessoas e organizações de forma a chegarem mais longe. Reflete a nossa cultura de flexibilidade, as nossas práticas de gestão e o nosso profundo desejo de sermos melhores todos os dias – retirando o melhor de cada um destes "soldados" da inovação e da transformação.

A nossa cultura de flexibilidade e capacitação é crítica para tirarmos o melhor das pessoas. Permite criar o ambiente que facilitará aos funcionários a gestão da sua vida profissional e pessoal, tornará possível colaborarem como equipas sem fronteiras, em diferentes geografias, sendo tão produtivos e eficientes como sabemos que são, onde quer que estejam.

A nossa cultura de diversidade é crítica para enriquecer a nossa experiência. As nossas equipas encorajam a existência de diferentes pontos de vista, pois seremos tão mais ricos, justos e equilibrados quanto mais diversos conseguirmos ser.

A nossa cultura de feedback é crítica para nos manter motivados. Não pedimos ou aceitamos o feedback por si, vamos desfrutar dele e exibi-lo, bom ou mau, na nossa jornada para ser melhor.

Não queremos – nunca quisemos – ser uma empresa que se limita a disponibilizar produtos ou serviços, e a nossa cultura interna espelha a forma como procuramos conduzir a missão diária de capacitar outras pessoas e organizações a ir mais longe.

Queremos que os nossos colaboradores – com as suas marcas pessoais sob o chapéu da Microsoft – sejam capazes de encontrar a inspiração na empatia com clientes, consumidores e entre eles. É na empatia, como refere o nosso CEO, que encontraremos o nosso caminho conjunto, que nos permitirá avançar, criando novas e mais entusiasmantes oportunidades para todos.

Employer Branding@Grupo Nabeiro

Por Jorge Figueiredo,
Director de Recursos Humanos do Grupo Nabeiro-Delta Cafés

A estratégia de **Employer Branding** do Grupo Nabeiro/Delta Cafés visa contribuir para a construção e manutenção de uma Identidade Corporativa única e diferenciadora. Esta Identidade Corporativa (ou Marca Corporativa) resulta, em grande parte, da consistência da nossa Proposta de Valor, cuja origem remonta a 1961 e que advém da combinação harmoniosa da Cultura Organizacional, estilo de Gestão, Capital Intelectual, Imagem e Qualidade dos nossos serviços/produtos.

Acreditamos que os nossos colaboradores são protagonistas ativos em cada uma destas frentes. Desta forma, fazemos questão de trabalhar para e com todos os colaboradores, envolvendo-os na Visão, Missão e Valores do Grupo e partilhando os principais objetivos e prioridades do negócio. É fundamental que todos, sem exceção, saibam quem somos, de onde vimos e para onde vamos.

Fazemos questão em conhecer os nossos colaboradores e apoiá-los no seu desenvolvimento pessoal e profissional. A felicidade e bem-estar das pessoas, crucial para o ajustado *work-life balance* que nos tem sido merecidamente reconhecido, é há muito uma das nossas prioridades. Prova inegável é a conhecida afirmação do nosso fundador e Presidente do Concelho de Administração – Comendador Rui Nabeiro – relativa aos seus colaboradores:

«Não lhes peço que trabalhem mais, peço que trabalhem melhor. Quero que eles venham felizes para o trabalho e que voltem felizes para casa.»

Nesse sentido, promovemos um conjunto de eventos tais como, entre outros, o *Family Day*, onde convidamos a família dos nossos colaboradores a conhecerem a nossa empresa e partilharem o espaço de trabalho connosco.

De igual modo, a partilha com os nossos colaboradores das nossas preocupações de carácter social, aliada ao estímulo à sua participação voluntária em todos os projetos do Grupo de desenvolvimento das comunidades, de voluntariado e de apoio social, são tónicos imprescindíveis para alimentar esta felicidade.

Se por um lado apostamos na felicidade dos nossos colaboradores, por outro desejamos que esta felicidade e bem-estar se traduzam em compromisso duradouro e profícuo com o Grupo. Foi nesse sentido que criámos o *MIND*, a nossa plataforma de inovação, onde qualquer colaborador pode trazer novas ideias de negócio ou apresentar sugestões de melhoria, em produtos, serviços ou até na gestão de processos. O *MIND* permite-nos dar voz ao compromisso e envolvimento das pessoas no Grupo, valorizando as suas ideias e desafiando-as a fazer parte integrante não só da nossa história, mas também do nosso desenvolvimento e sucesso.

A Administração do Grupo faz questão em promover uma política de "porta aberta". Conhecer as pessoas, as suas necessidades e motivações, permite-nos apoiá-las de forma mais ajustada nas diferentes fases do seu processo de desenvolvimento enquanto indivíduos e profissionais, e corresponder às suas expectativas profissionais, justapondo-as às ambições nacionais e internacionais do Grupo.

A certificação da Qualidade dos nossos produtos e serviços e da nossa Responsabilidade Social, aliadas à confiança na liderança do Grupo, tornam os nossos colaboradores verdadeiros *Embaixadores de Marca*, energizados por uma dinâmica Comunicação Corporativa que, reduzindo distâncias físicas, linguísticas e culturais, promove um fluxo de comunicação de "dentro para fora" e o conhecimento do Grupo.

O *outcome* para o negócio é sinónimo de crescimento e credibilidade junto dos nossos Clientes, Consumidores e mercado.

A solidez do passado, aliada à Inovação, diversificação e Sustentabilidade do negócio atuais, pautam o ritmo de desenvolvimento do Grupo. Fazemos questão em partilhar com todos os marcos desta caminhada, pois acreditamos que o segredo do sucesso da nossa Marca está nas nossas pessoas, ou melhor, nos nossos embaixadores.

Employer Branding na TAP Air Portugal
– Inspirar pessoas, voar confiança e celebrar emoções –

Por Vera Batista,
Human Resources | Employer Branding,
Employer Branding Manager

Desde 2012 que procuramos desenvolver esta disciplina, o que nos tem permitido realizar um *on job training*, considerando que na altura não se falava ainda de *Employer Branding* em Portugal, nem existiam modelos a seguir. Baseando-nos na nossa experiência, nos *benchmarks* possíveis e na forte motivação em ir mais além, temos vindo a construir uma missão sólida e consistente: gerar valor para o negócio através de uma melhor atração, recrutamento, retenção de pessoas, criação de compromisso e promoção do bem-estar e equilíbrio entre a vida pessoal e profissional, com vista a aumentar a *performance*, eficiência operacional e satisfação do cliente.

Integrada na direção de Recursos Humanos a área de *Employer Branding* da TAP trabalha diariamente para *inspirar pessoas, voar confiança e celebrar emoções*. Como principais objetivos este departamento contribui para a melhoria da atratividade da marca TAP enquanto entidade empregadora; para o aumento do *work-life-balance* dos seus colaboradores e para mobilizar e envolver os colaboradores na criação de valor enquanto agentes de mudança.

Enquanto parceiros de negócio, os Recursos Humanos têm a responsabilidade de ser a *cola* da empresa, trabalhando interna e externamente uma TAP diferenciadora, inclusiva e focada nas pessoas. Estando a TAP a atravessar um período de forte mudança e de reorganização organizacional o papel do EB (Executive Board) é essencial para que nos mantenhamos *Ligados ao Mundo Pelas Pessoas* de forma consistente.

Alinhada com a missão da TAP que é *ser a melhor companhia para viajar, trabalhar e investir*, a estratégia de EB assenta em 5 pilares: *Academia*; *Atratividade & Competitividade*; *Compromisso & Cultura*; *Comportamento Organizacional* e *Saúde & Bem-Estar*.

Academia

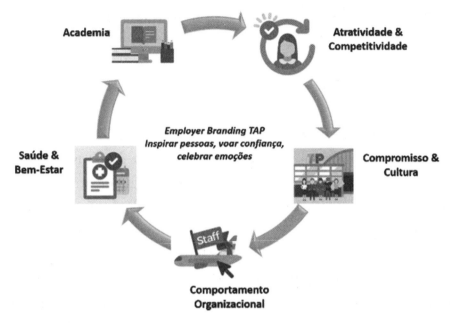

Gráfico 10 – Modelo de Employer Branding na TAP Air Portugal

As fortes relações que a TAP promove e mantém com as diferentes vertentes do meio académico são uma forma de ser e de estar, fazem parte do seu ADN. O desenvolvimento de programas específicos que construam relações de *win-win*, permitindo aos alunos que experienciem vários ambientes organizacionais, apoiando projetos de I&D nacionais e internacionais, acolhendo dezenas de estágios curriculares de vários níveis e graus académicos, bem como programas de *trainees* para alunos finalistas e com *know-how* de ponta, entre outros, são ações de forte expressão na cultura TAP.

Este pilar é importantíssimo na medida em que pretendemos garantir a atratividade da Companhia e fortalecer a marca TAP enquanto entidade empregadora forte, atraente e competitiva, bem como reforçar a articulação entre a Academia e as necessidades da Empresa, permitindo a experiência/formação em contexto de trabalho que culmina, muitas vezes, em recrutamento.

Atratividade & Competitividade

É determinante estarmos atentos às necessidades do mercado e adaptarmo-nos constantemente ao contexto que nos envolve, delineando e criando, a partir daí, uma estratégia de atração e de retenção suportada não só na importância de fazer sobressair a Personalidade TAP, a sua missão, os seus valores e os seus princípios, mas também na criação de um clima organizacional saudável, acolhedor e atrativo, que seja também ambicioso e competitivo, reforçando, sempre, o nosso posicionamento no mercado. Só assim conseguimos alcançar e conquistar o reconhecimento e adesão dos públicos internos e externos. A indústria da aeronáutica continua a ter um certo *glamour* e prestígio que facilita a atração e a retenção das pessoas, continua a ser *sexy* trabalhar na aviação. Por isso, mais importante do que receber muitas candidaturas, é importante atrair as pessoas certas. Aquelas que têm a atitude que procuramos e privilegiamos. Por outro lado, e ao nível interno, é necessário ter em conta que os colaboradores pertencem a diferentes gerações, refletindo-se em diferentes necessidades, ambições e expectativas. Por exemplo dos 7600 colaboradores da TAP, 12% pertencem à geração *baby boomers*, 43% à geração *millennial* e 1% já pertence à geração Z – *iGeneration*, ou seja o desafio é pensar nestas pessoas enquanto agentes de mudança e na importância que cada uma delas tem na cadeia de valor bem como nas equipas de alta performance a que pertencem, assegurando as suas diferenças.

Compromisso & Cultura

Como já foi mencionado, a TAP atravessa um dos momentos mais desafiantes da sua história, onde é necessário desenhar, redesenhar, conceber, estruturar e implementar um conjunto de novos processos relacionados com o reforço dos aspetos mais positivos da Cultura Organizacional, que apostem e reforcem desempenhos de excelência e que sejam capazes de transformar os nossos Clientes em verdadeiros "fãs" da nossa marca. Tudo isto sem ignorar o forte sentimento de pertença e a tão distinta cultura TAP que alimenta e projeta o compromisso de *ser TAP*. É aqui que trabalhamos o ADN e a Personalidade TAP, seja a quem chega de novo, através do programa de *Acolhimento e Integração – Welcome Aboard*, seja para quem já está na Companhia através de programas como o *Programa Simpatia*, dirigido aos colaboradores da linha da frente e que diariamente elevam o padrão de qualidade do serviço TAP, ou o *Programa Reconhecer* que permite a todos os colaboradores distinguir os seus colegas pelo seu profissionalismo e atitude de excelência. Também uma intranet única e renovada, que permite uma interação diária e próxima com todos os colaboradores. Envolver, envolver e envolver são as palavras-chave quando se trabalha com compromisso e cultura organizacional.

Comportamento Organizacional

Ganhar os *Employer Branding Randstad Awards* transporta nas asas uma responsabilidade acrescida. Para continuarmos a ser uma Companhia de excelência necessitamos de prosseguir a aposta nos nossos profissionais e reconhecer a importância da criação de oportunidades de crescimento e de valorização pessoal e profissional. Se o que diferencia o colaborador TAP é a sua Atitude, o investimento nas pessoas e no fortalecimento das suas competências sociais e técnicas é fulcral. O negócio depende da forma como todos contribuem para a criação de valor e compete aos RH enquanto parceiros de negócio, promover o alinhamento das pessoas com os objetivos do negócio – *engaging hearts & minds*. Com este foco, promovemos programas de *mobilidade interna* como forma de desenvolver pessoas e equipas; criámos o *Ciclo de Conferências* aberto a todo o Grupo TAP e que pretende proporcionar aos colaboradores o contacto com temáticas menos habituais e fora do seu contexto técnico de trabalho, convidando oradores de todo o mundo, ligados à gestão, à inovação, ao conhecimento, à ciência, entre outros, a partilhar a sua experiência com as pessoas TAP. Estas *Conferências* tornam-se assim o cartão de embarque para a *formação transversal* em gestão e comportamento organizacional em formato de *Workshops RH*, com a duração de 2 ou 3 dias, para grupos mais reduzidos. A *Formação TAP* – que só no último ano promoveu mais de 330 mil horas de formação para mais de 28 mil formandos, em mais de 3250 cursos – é outra das fortes apostas nesta matéria.

Saúde & Bem-Estar

Na TAP há uma longa tradição na promoção da saúde e bem-estar dos seus colaboradores, com a criação e desenvolvimento regular de iniciativas que promovem o seu bem-estar e o equilíbrio entre a vida pessoal

 e a profissional. Exemplo disso são várias parcerias com a UCS e ginásios, das quais resultam campanhas como Venha Voar... Pedalando, a implementação de circuitos pedonais nas suas instalações, entre outros. Por outro lado a TAP dispõe de um gabinete de Serviço Social, composto por duas assistentes sociais, que tem como missão apoiar e aconselhar os colaboradores nas mais diversas situações do quotidiano, com objetivo de promover o seu desenvolvimento e bem-estar, ajudando-os a otimizar recursos que lhes permitam não só ultrapassar as dificuldades, mas também desenvolvendo uma maior autonomia e responsabilidade. Atua igualmente na criação de círculos de qualidade de vida e de prevenção de dependências. Ainda de salientar o Infantário TAP que integra filhos de colaboradores, a partir dos 4 meses até aos 5 anos de idade, estando aberto 24 horas por dia, todos os dias do ano.

 Sendo estes alguns exemplos das práticas TAP, a área de *Employer Branding* resulta de uma combinação de matérias de Recursos Humanos, de Marketing, de Comunicação e até de Gestão. Somos permanentemente desafiados na busca de soluções inovadoras para enfrentar os desafios constantes que a Companhia enfrenta. Temos um papel ativo na construção de soluções com os nossos parceiros internos e externos, a fim de proporcionar a melhor *employee experience* para todos os colegas TAP.

11. KEYWORDS E PERTURBAÇÃO FINAL

- Principais conceitos abordados
- Definições de alguns estrangeirismos
- Nota da autora sobre a relevância do tema (utopia vs perturbação)

#Awareness

Reconhecimento de marca que pode ser espontâneo quando é feita a pergunta aberta, sem indicar nomes ou provocado quando é apresentada uma lista de marcas.

#B2BvsB2B

B2B ou Business to Business, empresas que têm outras empresas como clientes. B2B ou Business to Consumer são empresas que se dirigem ao consumidor final, às pessoas.

#Cultura

A cultura da empresa ou cultura organizacional são os valores e os comportamentos que contribuem para um ambiente único em termos sociais e psicológicos numa organização. Este conceito inclui as expectativas, as experiências, a filosofia, os valores, as regras, os costumes, a imagem e todas as interacções com a empresa. Afeta a produtividade e a performance da empresa e tem impacto no employer brand da empresa.

#EmployeeAdvocacy

Quando alguém escolhe uma marca em relação às outras isso é lealdade. Mas quando essa pessoa dá um passo em frente e fala de forma positiva, recomenda essa marca à sua rede de amigos e familiares então torna-se um promotor. Ser um director ou um top performer não quer dizer que é um promotor da empresa enquanto melhor local para trabalhar, mas todos os estudos são claros a demonstrar que esta é uma das fontes com maior impacto no employer branding.

#EmployerBrand

Simon Barrow é considerado o pai do employer brand e foi há mais de 25 anos que considerou os seis elementos fundamentais de uma estratégica de marketing/de marca neste conceito:

1. Pesquisa e planeamento em relação ao consumidor, canais, concorrência e ambiente regulatório;
2. Definição de uma estratégia aprovada e suportada pela organização;
3. Criação de uma proposta de valor que seja distintiva e real;
4. Execução coerente na distribuição, vendas, publicidade e promoções;
5. Ligação constante com a gestão financeira da empresa;
6. Análise rigorosa das vendas, margens, quota de mercado, distribuição, performance e budget.

Para o autor a aplicação deste modelo é ainda mais desafiante em relação a candidatos e colaboradores do que consumidores. Porque quando alguém consome pode ser impulso ou até uma escolha de posicionamento de vida. No employer brand a escolha é sobre a própria vida, é sobre o futuro, a auto-estima, é sobre a pessoa. Outro elemento fundamental é que os consumidores sabem pouco sobre as marcas, enquanto os candidatos e os colaboradores sabem praticamente tudo, não há como enganar.

#EmployerBranding
Termo utilizado para descrever a estratégia de marca das empresas enquanto entidades empregadoras e a sua proposta de valor para os seus colaboradores. O autor Brett Minchington descreve o employer brand como "a imagem da empresa como o melhor local para trabalhar na cabeça dos seus colaboradores e dos seus stakeholders no mercado (candidatos ativos e passivos, clientes e outros) A arte e a ciência do employer branding está relacionada com a atração, o engagement e as iniciativas de retenção.

#EmployerBrandLoyalty
Employer Brand Loyalty é a lealdade do trabalhador, a sua escolha de se manter na relação laboral por um longo período de tempo por motivos que não estão ligados em exclusivo ao salário (e claro, à falta de oportunidades). Porque a experiência do colaborador é o employer brand da empresa, a sua lealdade é baseada nas relações existentes entre as pessoas que trabalham na organização, sendo por isso fundamental trabalhar nas mesmas e recolher feedback.

#EmployerValueProposition
O autor Brett Minchington define o Employer Value Proposition (EVP) como o conjunto de associações e oferta dadas pela empresa em troca das competências e experiência que um colaborador traz para a organização. O EVP é centrado no colaborador

e alinhado com a estratégia de recursos humanos. Um EVP deve ser único, relevante e motivador para atrair talento, aumentar o engagement e a retenção.

#Engagement
Compromisso, mais do que relação, laços profundos, casamento.

#Stakeholders
Pessoas interessadas, target group no sentido lato, que incluí todos os possíveis intervenientes.

#Utopia *vs.* Perturbação
Num mundo que não é perfeito falamos de perfeição. Não apenas por inspiração, mas porque é por essa utopia que nos devemos guiar. Numa relação que nunca é equilibrada vamos ter sorrisos e lágrimas, como na vida, vamos ter de dar, de receber, de ceder e de exigir. Por vezes parecemos mais fracos, outras vezes fortes demais, sentimos que somos insubstituíveis ou simplesmente achamos que já não é este o nosso lugar.

No mundo do trabalho a vida é real, demasiado real. É nas empresas que passamos mais de 50% do nosso dia, onde conhecemos outras pessoas que são colegas, que ficam amigos, com quem casamos ou simplesmente que não queríamos ter conhecido. Neste pequeno "big brother" existem emoções, emoções que têm de ser equilibradas com o profissionalismo, com o conhecimento, com o pragmatismo, com o saber estar, saber fazer e saber saber.

É neste desequilíbrio que vive o fascinante mundo do employer branding. Um conceito que reequilibra esta relação entre empresa e colaborador e que deve inspirar para sermos melhores e não perturbar. O que não temos não deve prevalecer sobre o que temos e a decisão de ficar ou de sair deve ser sempre vista como uma nova oportunidade.

Em empresas que não são perfeitas, com pessoas também imperfeitas, as marcas têm esta aspiração e esta responsabilidade de contribuir para um caminho de perfeição. Um caminho que mesmo utópico não deve deixar de ser o nosso.

NOTAS

1. ERA UMA VEZ O EMPLOYER BRANDING

(1) Ambler, T. and Barrow, S. (1996), The employer brand, *Journal of Brand Management,* Vol. 4, pp. 185-206.

(2) Obra da autoria de Alan Price, HR & Employment Law Expert.

(3) https://www.brandingstrategyinsider.com/2006/08/history_of_bran. html#.WYxiT1WGPIU

(4) Sullivan, J. (2004), "Eight elements of a successful employment brand", ER Daily, 23 February, available at: www.erexchange.com/articles/db/52CB45FDADFAA4CD2BBC366659E26892A.asp (accessed April 14, 2004).

2. DE DESCONHECIDO A BUZZ WORD

(1) https://www.weforum.org/agenda/2016/01/the-fourth-industrial-revolution-what-it-means-and-how-to-respond/

(2) Randstad Workmonitor é um estudo independente que inclui 34 países, realizado online a pessoas entre os 18-65, que estejam a trabalhar no mínimo 24 horas por semana num trabalho pago. A amostra incluiu no mínimo 400 entrevistas. Os dados aqui apresentados foram recolhidos entre Outubro e Novembro de 2015 nos seguintes países: Argentina, República Checa, Itália, Singapura, Austrália, Dinamarca, Japão, Eslováquia, Áustria, França, Luxemburgo, Espanha, Bélgica, Alemanha, Malásia, Suécia, Brasil, Grécia, México, Suíça, Canadá, Hong Kong, Nova Zelândia, Holanda, Chile, Hungria, Noruega, Turqui, China, India, Polónia, Reino Unido, Portugal e EUA.

(³) Esta é uma das conclusões do relatório Flexibility@work 2016 – o futuro do trabalho na era digital: evidências dos países da OCDE, elaborado para a Randstad pela Universidade de Utrecht e a Universidade de Leuven.

(⁴) http://www.npr.org/2014/10/06/349316543/don-t-label-me-origins-of-
-generational-names-and-why-we-use-them

(⁵) https://www.forbes.com/sites/jeffboss/2016/02/26/how-millennials-are-
-disrupting-the-workforce-for-the-better/#7e142a5d3ef0

3. VALORES QUE NÃO SÃO EUROS

(¹) Pirâmide das necessidades de Maslow é uma divisão hierárquica proposta por Abraham Maslow em que as necessidades de nível mais baixo devem ser satisfeitas antes das necessidades de nível mais alto. Cada um tem de avançar na hierarquias de necessidades para atingir a sua auto-realização. Maslow define um conjunto de cinco necessidades: fisiológicas (básicas), tais como a fome ou a sede, segurança que é a necessidade de se sentir seguro, a zona de conforto, necessidades sociais como o afeto, afeição e sentimentos de pertença, as necessidades de estima, que passam por duas vertentes, o reconhecimento das capacidades pessoais e o reconhecimento dos outros face à nossa capacidade de adequação às funções que desempenhamos e por fim as necessidades de auto-realização, em que o indivíduo procura tornar-se aquilo que ele pode ser: "What humans can be, they must be: they must be true to their own nature!" (Tradução: "O que os humanos podem ser, eles devem ser: Eles devem ser verdadeiros com a sua própria natureza).

4. EMPLOYER OU CANDIDATE BRANDING?

(¹) https://www.usatoday.com/story/money/2017/02/28/tight-labor-mar-
ket-giving-more-americans-career-clout/98477276/

(²) Randstad Workmonitor é um estudo independente que inclui 34 países, realizado online a pessoas entre os 18-65,que estejam a trabalhar no mínimo 24 horas por semana num trabalho pago. A amostra incluiu no mínimo 400 entrevistas. Os dados aqui apresentados foram recolhidos entre abril e maio de 2017 nos seguintes países: Argentina, República Checa, Itália, Singapura, Austrália,

Dinamarca, Japão, Eslováquia, Áustria, França, Luxemburgo, Espanha, Bélgica, Alemanha, Malásia, Suécia, Brasil, Grécia, México, Suíça, Canadá, Hong Kong, Nova Zelândia, Holanda, Chile, Hungria, Noruega, Turqui, China, India, Polónia, Reino Unido, Portugal e EUA.

5. LEALDADE NA RELAÇÃO E CASAMENTO ENTRE AS ÁREAS

[1] Kabiraj, S., & Shanmugan, J. (2011). Development of a Conceptual Framework for Brand Loyalty: A Euro-Mediterranean Perspective. Journal of Brand Management, 18(4/5), 285-299. http://dx.doi.org/10.1057/bm.2010.42

[2] Dick A.S. e Basu K., 1994, Customer Loyalty: Toward an Integrated Conceptual Framework, "Journal of the Academy of Marketing Science", Winter, 99-113.

[3] https://www.forbes.com/sites/kathleenkusek/2016/07/25/the-death-of--brand-loyalty-cultural-shifts-mean-its-gone-forever/2/#44fd398e39df

[4] 24 horas por dia, 7 dias por semana.

6. AOS OLHOS DOS CANDIDATOS

[1] Os países APAC que integram o Randstad Employer Brand Research 2017 são: Austrália, Hong Kong, China, Índia, Japão, Malásia, Nova Zelândia e Singapura.

[2] Os países LATAM que integram o Randstad Employer Brand Research 2017 são a Argentina e o Brasil.

[3] Bain & Company and Chief Executive Women, The Power of Flexibility: A Key Enabler to Boost Gender Parity and Employee Engagement, https://www.wearethecity.com/wpcontent/uploads/2016/02BAIN_CEW_REPORT_The_power_of_flexibility_Boosting_gender_parity-vF.pdf

[4] HSE, Work related Stress, Anxiety and Depression Statistics in Great Britain 2016, http://www.hse.gov.uk/statistics/causdis/stress/stress.pdf?pdf=stress

7. AMBIÇÃO E EXPERIÊNCIA

(1) Schein, 1985; O'Reilly, 1989.

(2) Conceptualizing and researching employer branding, Kristin Backhaus and Surinder Tikoo, School of Business, State University of New York at New Paltz, New Paltz, New York, USA, February 2004.

(3) http://www.hrinasia.com/employer-branding/do-you-think-your-emplo yer-brand-can-be-ruined-by-social-media/

(4) Randstad Employer Brand Research 2017, Country Report Portugal, TNS.

(5) Randstad Employer Brand Research 2017, Country Report Portugal, TNS.

8. O QUE VEM A SEGUIR

(1) https://i1.wp.com/thesocialworkplace.com/wp-content/uploads/2016/07/ employee_touchpoints.png

9. COPIAR, ADAPTAR E COLAR

(1) http://goplaces.theheinekencompany.com

BIBLIOGRAFIA

Livros

Barrow, S. and Mosley, R. The Employer Brand, Bringing the Best of Brand Management to People at Work, John Wiley & Sons, Chichester.

Employer Branding – A case study of B2B and B2C, Bachelor Thesis, Department of Business Administration – Management and Organisation, 15hp, Daniel Foogel and Elisa Stuart, Spring 2012

Employer Branding: A holistic concept of Strategic Brand Management for attracting and retaining a company s Right Potentials – with the example of Degussa AG, Birger Meier 18 de junho de 2006, diplom.de

Employer Branding For Dummies, Richard Mosley Lars Schmidt 19 de janeiro de 2017, John Wiley & Sons

International Employer Brand Management: A Multilevel Analysis and Segmentation of Students' Preferences, Lena Christiaans 28 de novembro de 2012, Springer Science & Business Media

Kotler, P. et al (2005), Principles of Marketing, Fourth European Edition, Pearson, Harlow, England

Minchington, B (2006) Your Employer Brand – attract, engage, retain, Collective Learning Australia

Minchington, B (2010) Employer Brand Leadership – A Global Perspective, Collective Learning Australia

Mosley, R (2007) 'Customer experience, organisational culture and the employer brand', Journal of Brand Management, Vol 15, October Issue pp123-134

Mosley, R. (2014) Employer Brand Management, Practical Lessons from the World's Leading Employers,Wiley

The Employer Brand: Keeping Faith with the Deal, Helen Rosethorn, CRC Press, 23/03/2016

Sites

http://builtin.com/blog/best-employer-brands-tech

http://www.bain.com/publications/articles/elements-of-value-interactive.aspx

http://www.digitalistmag.com/future-of-work/2017/01/06/employer-brand-vs--consumer-brand-whats-the-difference-04817550

http://www.talenteconomy.io/2017/02/23/new-employer-branding-advantage/

http://www.yoh.com/blog/employer-branding-companies-nailing-it

https://blog.beamery.com/employer-branding-campaigns/

https://business.linkedin.com/talent-solutions/blog/2013/12/3-creative-employer-branding-ideas-from-loreal

https://business.linkedin.com/talent-solutions/blog/employer-brand/2017/how--these-10-companies-are-getting-creative-with-employer-branding

https://hbr.org/2015/11/how-company-culture-shapes-employee--motivation?referral=03759&cm_vc=rr_item_page.bottom

https://hbr.org/2016/03/a-bad-reputation-costs-company-at-least-10-more-per--hire

https://linkhumans.com/blog/loreal-employer-value

https://linkhumans.com/podcast/simon-barrow-creator-employer-brand

https://maximizesocialbusiness.com/10-stats-that-prove-the-importance-of--employee-advocacy-in-todays-digital-world-24289/

https://press.vodafone.pt/2017/10/05/vodafone-apresenta-estrategia-de-reposicionamento-global/

https://theundercoverrecruiter.com/employer-consumer-brand-b2b/

https://uncubed.com/daily/great-examples-employer-branding/

https://www.brettminchington.com/articles

https://www.brettminchington.com/single-post/2017/09/29/The-Employer--Branding-Ecosystem-V2

https://www.fastcompany.com/3057020/why-these-4-companies-are-getting--serious-about-their-employer-brands

https://www.glassdoor.com/employers/blog/how-to-build-employee-loyalty/

https://www.integratedb2b.com/2013/06/06/employer-branding-as-a-strategic-
-weapon/#.Wc-wR1tSzIU

https://www.interact-intranet.com/employer-branding-millennials/

https://www.marketingweek.com/2017/06/27/building-long-term-brand-
-loyalty/

http://www.options.co.za/news/angelo/history-recruitment-recruiting-then-
-and-now

https://www.slideshare.net/brettminch/build-employer-brand-equity

Millennials vs. Generation Z, research credit: https://www.shrm.org/Resource-
sAndTools/hr-topics/behavioral-competencies/global-and-cultural-effective-
ness/Pages/Move-over-Millennials-Generation-Z-Is-Here.aspx

https://maximizesocialbusiness.com/10-stats-that-prove-the-importance-of-
-employee-advocacy-in-todays-digital-world-24289/